瘧疾論
痢疾論
泄瀉論
胸痞論

雜症集解

瘧疾論

内經有五臟六腑之瘧。古方有瘅寒温食牝牡之分。一言以蔽之。曰熱。名曰瘧者。暴瘧也。其寒也。酷慄鼓顫。腰脊俱痛。湯火不能温。其熱也。身体如焚。氷水不能解。經云方其盛時勿毀。必待其衰也。事必大昌。此治瘧。當治之於未發之前。或治之於已退之後也。考内經以瘧爲風。東垣以瘧爲暑。丹溪以瘧爲痰。世人皆以瘧爲脾寒。此即難經所謂風寒暑湿飲食之五邪也。人受此邪。以致脾胃不和。痰聚中脘。盖無痰不成瘧也。故先寒後熱者名寒瘧。先熱後寒者名温瘧。但熱不寒者名瘅瘧。但寒不熱者。名牝瘧。日久不愈者名疾瘧。更有一日一發。一日兩發。間日一發。三日一發者。以邪氣入之深。則發之遲也。要畧云。瘧脉自弦。弦数者多熱。弦遲者多寒。弦短者傷食。弦滑者多痰。弦小緊者宜下。浮大者宜吐。弦数多熱者清之。弦遲多寒者温之。浮緊浮数者。其邪在表宜汗。弦寔沉寔数寔者。其邪在裡宜下。若夫調胃氣。利痰涎。分陰陽。行三焦。補正驅邪。皆治瘧之大法也。

寒熱瘧症

瘧者。暴瘧也。風邪客於營衛。腠理不密。復感外風。舍於腸胃之外。與營衛晝行於陽。夜行於陰。併於陽則熱。併於陰則寒。併則病作。離則病止。故寒熱相等。發作有時。初起以汗解爲主。切不可泥定少陽一經。妄行和解。士材治以散邪湯。羌防辛苦甘温。搜風去湿。芥芷辛温香苦。透表去風。芎芍酸苦辛温。除風和血。加麻黄之辛苦輕温者以發汗。加甘草之甘平氣緩者以和中。更用葱薑以走表。一汗即解。

散邪湯

羌活钱 防風钱 荆芥钱 麻黄钱 川芎钱 白芍钱 白芷钱 甘草钱

右八味生姜一片葱一支水一碗煎七分温服痰加橘红湿加蒼术食加香附春夏秋去麻黄易蘇葉

風瘧症 先熱後寒

風瘧。因中風得之。其症惡風自汗。煩躁頭痛。先熱後寒。脉弦浮。按惡風者。風淫於衛也。汗出者。風傷於營也。風邪内鬱則煩。外擾則躁。風干陽位。則頭痛。先傷風而後傷寒。故先熱後寒。瘧脉自弦。脉浮為風。内經言瘧皆生於風。客齋治以加味小柴胡湯。柴胡去少陽厥陰三焦之熱。羌防去太陽少陰厥陰之風。芎藁去太陽少陽厥陰之寒。黄芩瀉中焦之邪火。治上焦之風熱。半夏除煩鬱之頭疼。通陰陽之逆氣。甘草和中。桂枝導脉。加人參大補真元。亦固正驅邪之法也。豈少陽一經病瘧哉。

柴胡加味湯

人參　柴胡　黄芩　半夏　甘草

羌活　防風　藁本　川芎　桂枝

右十味水一碗煎八分温服加姜一片枣二枚亦可

寒瘧症 先寒後熱

寒瘧。因傷寒得之。其症無汗。惡寒。腰痛足冷。攣痛而慄。先寒後熱。脉弦緊。按無汗是元府閉塞。而慄。是陽氣不升。惡寒攣痛。是肌肉受邪。腰痛足冷。是寒傷筋絡。先傷寒而後傷風。故先寒後熱。瘧脉應弦。脉緊屬寒。内經所謂陰陽上下交争者也。客齋治以桂附二陳湯。陳皮宣五藏之逆氣。半夏通陰陽之逆邪。茯苓除寒熱。甘草益脾元。加附子以逐風寒。用桂枝以宣百脉。合姜枣以調營衛。此治寒瘧之要法。若寒多熱少者同治。

桂附二陳湯

橘紅　半夏　茯苓　甘草　桂枝　製附子

右六味生薑一片大枣二枚水一盞煎八分服

暑瘧症 但熱不寒

暑瘧因於中暑。其症但熱不寒。煩渴多汗。脉弦洪。東垣云。静而得之為受暑。當

夏日炎炎。腠理疎洩。汗出乘凉。陽邪既舍於肌膚。又傷於經絡。陽浮則發熱。陰弱則汗出。内外俱熱。故煩渴也。瘧脉多弦。洪為風熱。内經所謂夏傷於暑。秋必發瘧者是也。仲景治以小柴胡去半夏加花粉湯。柴芩參草固正以解表裡之熱邪。加花粉之酸甘者。生津以療煩渴。而李梴又以小柴胡加桂枝。解半表半裡之邪。合白虎以清陽明獨勝之熱。從仲景法而變通之。若伏暑煩渴。脉虚飲水逆吐者。又當用子和桂苓甘露飲加減調治也。

柴胡去半夏加括蔞根湯

人參　黄芩　甘草　柴胡　括蔞根即花粉

右五味水一碗煎八分去渣服酌加姜枣

小柴胡合白虎湯

人參　柴胡　黄芩　半夏

甘草　石羔　知母　粳米

右七味水一碗煎八分去渣定清温服姜枣酌加

桂苓甘露飲子和方

桂枝一兩　人參一兩　藿香一兩　茯苓一兩　白术一兩　滑石二兩

甘草一兩　葛根一兩　澤瀉一兩　石羔一兩　寒水石一兩　木香一錢

右末之每服三錢水一盞煎八分去渣服

濕瘧症寒多熱少

濕瘧因於中濕。或冒雨。或洗浴。汗出當風。其症身重体痛。肢節煩寃。嘔逆脹滿。寒多熱少。脉弦細。按冒雨。則湿浸於外。洗浴。則湿襲於内。汗出當風。則濕入於毛竅。湿由肌膚流於經絡。則肢体重痛煩寃。肺主皮毛。脾主肌肉。太陰從湿。内受濕邪。故嘔逆脹滿。寒多熱少。脉弦細者。乃陽不盛陰之象。潔古治以柴平湯。其方即用小柴胡以升陽。合平胃散以燥濕。若寒多者為寒濕。宜五積散。若熱多者為熱湿。宜通聖散去硝黄。皆活法也。

柴平湯

柴胡　黄芩　人参　製半夏

蒼术　陳皮　甘草　厚朴姜炒

右八味水一碗煎八分去渣服

五積散

麻黄四分桂枝三分乾薑三分甘草三分半夏四分蒼术七分

陳皮六分厚朴六分當歸八分川芎七分白芍八分茯苓八分

右研末每服三錢水一盞煎八分去渣服有汗去麻黄氣虚加人参白术腹痛加吴茱萸胃寒加煨姜陰寒肢冷虚汗加附子臨症辨用

通聖散

白术一兩茯苓一兩黄芩一兩山梔炒一兩石羔一兩連翹一兩

防風一兩薄荷一兩白芍一兩當歸一兩甘草二兩

右末之每服三錢水一盞煎八分去渣服自汗加桂枝吐嗽加半夏葱薑臨症酌用

食瘧症寒熱嘔吐

食瘧因飲食不節。喜啖生冷肥甘。外感風寒。致痰生中脘。苦飢不食。食則中滿。寒熱作時。即嘔吐腹痛。脉沉弦。按飢不能食者。寒滞於中也。脉沉弦者。寒伏於内也。當寒熱相乘。而嘔吐。或腹痛者。食逆上冲也。局方治以養胃湯。蒼术厚朴開鬱下氣。藿香半夏和胃止嘔。人参茯苓固正去逆。橘紅草菓消食除痰。加烏梅生薑之辛酸者。共觧甘肥生冷之性。即以治寒熱之交争。如不已。則易草菓飲。青脾飲投之。臨症其變通乎。

養胃湯局方

厚朴姜炒一錢蒼术米炒一錢半夏姜炒一錢人参五分茯苓五分

草菓五分藿香五分橘紅三分甘草一分烏梅半個

右㕮咀水一碗生姜五片煎八分温服

草菓飲

白芷　良薑　青皮　川芎

草菓　半夏　蘇葉　甘草各等分

右㕮咀水一碗煎八分服

清脾飲嚴用和

黄芩一錢　厚朴姜炒一錢　白朮米炒一錢　青皮炒一錢　甘草五分

茯苓一錢　半夏姜炒一錢　柴胡一錢　草菓一錢　生姜三片

右㕮咀水一碗煎八分温服

牝瘧症

瘧有单寒不熱。陰氣獨盛。悽悽振振。氣虚而泄者此名牝瘧。按陽氣素虚。時當盛暑。飲冷乘凉。寒邪伏於腠理。及遇秋風凛束。邪不外越。致陰盛陽虚。故单寒不熱。而成悽振虚泄之牝瘧也。仲景治以柴胡姜桂湯。柴胡升清陽之氣。人參扶元陽之本。甘草和中州之土。半夏通陰陽之逆。加姜桂除沉匿之寒。陰邪解。則陽氣升。陰得陽制。陽與陰和。寒瘧即已。若發於夏日。又當酌用準繩柴胡升麻湯以解之。此權變之活法也。

柴胡薑桂湯

柴胡八两　人參四两　半夏二两　甘草炙二两　桂枝三两

乾薑二两　黄芩三两微熱者減半不熱者去之

右㕮咀水一碗生姜二两大枣十二枚煎八分服仲景原方有花粉牡蠣無人參半夏姜枣

柴胡升麻湯

柴胡　升麻　葛根　羌活　防風以上五味升陰分之邪

桃仁　紅花以上二味引入陰分取陽以出還於陽分　猪苓分隔使不復下陷又開竅

右八味㕮咀水一碗煎七分温服

癉瘧症

瘧有单熱不寒。陽氣獨發。煩熱渴嘔。裡實不泄者。此名癉瘧。肺素有熱。時當長夏。炎氣外蒸。熱邪入於肢體。又遇陽風吹襲。熱不外越。致陽盛陰虛。故单熱不寒。而成手足煩熱嘔渴之癉瘧也。仲景治以人參白虎湯。知母解脾腎之火。石膏去陽明之熱。甘草奠中央之氣。粳米培元氣之根。加人參以生欲竭之津。陽和解。則陰氣和。陽得陰合。陰陽乃制。熱瘧自平。若發於秋令。又宜叅用柴胡葛根湯以和之。此變通之活法。

人參白虎湯

人參　石膏　知母　甘草　粳米

右吹咀水一碗煎八分服

柴胡葛根湯

柴胡　黄芩　人參　葛根

知母　竹葉　甘草

右吹咀水一碗煎八分服

温瘧症 同風瘧相似

温瘧者。因冬不藏精。腎氣虛寒。至春則陽氣大發。水不生木。木燥火炎。遇大暑時。腦髓爍。肌肉消。腠理泄。復感外邪。以致陽盛陰虛。故先熱後寒。或但熱不寒。而成骨節疼煩。時時嘔逆之温瘧矣。仲景治以白虎加桂枝湯。桂枝辛甘氣温宣通脉絡而治煩痛。石羔知母辛苦清脾滋腎而除嘔逆。粳米甘草甘平。奠安胃土而和中氣。若熱多者。叅小柴胡加葛根。寒多者。叅小柴胡加桂枝。此治温瘧之大法。

白虎加桂枝湯

石羔　知母　甘草　桂枝　粳米

右吹咀水一碗煎八分服

[illegible]瘧證

[illegible]

人參白虎湯

人參 石膏 知母 甘草 粳米

右㕮咀水一盞煎八分服

柴胡去半夏加栝蔞湯

柴胡 黃芩 人參 栝蔞根

甘草 生薑 大棗

右㕮咀水一盞煎八分服

瘧病發渴者亦宜之

[illegible]

白虎加桂枝湯

石膏 知母 甘草 桂枝 粳米

右㕮咀水一盞煎八分服

小柴胡加葛根湯

柴胡　黄芩　人参　甘草

葛根　知母　製半夏

右㕮咀水一碗煎八分服

小柴胡加桂枝湯

柴胡　人参　黄芩　半夏　甘草　桂枝

右㕮咀水一碗薑一片棗二枚煎八分服

晝發瘧症

晝發者。寒熱發於巳而退於申。為陰中之陽。此邪在氣分。而半入於血分也。氣為陽。瘧發巳時。猶在氣分。血為陰。瘧退申時。已入血分。然其邪尚與衛氣並行於陽而外出。猶未盡陷於陰而內薄也。故瘧發於晝。法宜補氣解表。丹溪治以柴胡二朮湯。柴胡人参升清補氣。黄芩甘草清熱和中。半夏和胃。白朮補脾。蒼朮散鬱。葛根截陽明之路。川芎升血分之邪。陳皮宣五臟之氣。令陽邪不入於陰分。再加姜棗以調營衛。青皮以疏肝滯。於未發時煎服。一汗而解。

柴胡二朮湯

柴胡　黄芩　半夏　甘草　人参　青皮

白朮　蒼朮　川芎　葛根　陳皮

右㕮咀水一碗姜三片棗二枚煎八分服每日一劑約十劑愈

夜發瘧症

夜發者。寒熱發於亥而退於寅。為陰中之陰。此邪在血分。而欲出於氣分也。血為陰。瘧發亥時。已在血分。氣為陽。瘧退寅時。將出氣分。然其邪仍與營血並行於陰而內陷。猶未盡走於陽而外出也。故瘧發在夜。法宜補血疏肝。丹溪治以柴胡四物湯。柴胡升陽。黄芩清熱。半夏和胃。人参固正。甘草和中。加生地滋腎。白芍和肝。當歸益陰。川芎養血。令陰邪上行於陽分。再加薑棗以和營衛。青皮

以疎滞氣。於未發時先服。一汗可愈。

柴胡四物湯

柴胡　人参　半夏　黄芩　甘草
生地　當歸　川芎　白芍　青皮

右㕮咀水一碗姜三片枣二枚煎八分服每日一劑約十劑愈

間日晝發瘧

瘧有間日晝發。寒少熱多者。此氣分受病也。其邪内薄於陰。陽氣獨發。陰邪内著。陰與陽爭不得出。故間日而發於晝也。仲景治以桂枝石膏湯。桂枝辛甘。行陽通脉。黄芩苦寒。清熱養陰。石羔甘寒。去陽明太陰之邪。知母苦寒。少（瀉）陰陽明之熱。若寒多者。去石羔知母。加乾薑半夏之辛熱者以温之。見症加減。不可拘執。

桂枝石羔湯

桂枝一錢　石羔三錢　知母三錢　黄芩二錢

右㕮咀水二碗煎八分服

間日夜發瘧

瘧有間日夜發。寒多熱少者。此血分受病也。其邪内陷於陽。陰氣獨發。陽邪内著。陽與陰爭不得出。故間日而發於夜也。仲景治宜麻黄桂枝湯。麻黄辛温。以透表。黄芩苦寒。以清熱。桂枝辛甘以通血脉。桃仁甘苦以瀉血滞。甘草甘平以和中氣。若熱多者。加知母石羔以清之。臨症變通為要。

麻黄桂枝湯

麻黄　黄芩　甘草　桃仁　桂枝

右㕮咀水一碗煎八分服

三日一發瘧

瘧有三日一發。寒熱不相上下者。内經云。邪客於六府。入於三陰。薄於五藏。横

連募原。其道遠。其氣深。其行遲。不能與衛氣相失。不能相得。故休数日乃作也。宇泰治以柴胡鱉甲湯。柴胡升麻葛根羌活防風升陰分之邪。使離於陰而寒自已。知母石羔黄芩引陰氣下降。使離於陽而熱自已。以猪苓分利陰陽。使不交並。以鱉甲入陰出陽。令邪散解。加半夏以通陰陽。甘草以和中土。更加桃仁紅花。引入陰分。以取陽邪還出於陽分。而三日之瘧即平。重者数劑。臨症見寒熱多少。酌為加減。

柴胡鱉甲湯

柴胡　升麻　葛根　羌活　防風

石羔　知母　黄芩　桃仁　紅花

半夏　猪苓　鱉甲　甘草

右㕮咀水一碗煎八分温服

一日兩發瘧或二三次

瘧有一日兩發。寒熱輕重不等者。盖衛氣日行於陽。夜行於陰。得陽則外出。得陰則内薄。内外相薄。是以日作。其所以兩發也。以陽氣出。而陰氣復収之。陰氣出。而陽氣復遏之。汗出不透。陰陽相離而又相得。故一日兩發。仲景治以桂枝二麻黄一湯。麻黄辛輕。散衛分之寒。桂枝辛甘。散营分之風。杏仁辛苦。清肺下氣。白芍酸寒。斂陰榮血。薑棗調和营衛。甘草益胃安中。此症既不可不汗。又不可大汗。故取桂枝二麻黄一以和之。若不用此法。使風寒客於腠理。瘧無休日矣。

桂枝二麻黄一湯

桂枝二錢　麻黄一錢　白芍二錢　杏仁一錢

甘草一錢　生薑二錢　大棗二枚

右㕮咀水一碗先煮麻黄去沫納諸藥去渣服

一日接續瘧

瘧有寒後發熱。熱後復寒。寒熱循環。接續無休者。此陽氣欲入。而陰氣拒之。陰

氣欲出。而陽氣固之。陰乘陽。陽乘陰。陰陽相乘不已。故寒熱往来不斷。此屬少陽陽明合病。萬密齋治以柴胡梔豉湯。柴胡味薄升陽。黄芩苦寒勝熱。半夏發表開鬱。参艸固正和中。山梔泄熱。散大除煩。豆豉觧肌。並驅温瘧。蓋以小柴胡湯。治半表半裡之邪。合梔豉湯。祛陰陽錯雜之氣。一治少陽。一治陽明。愚嘗試之。一服即止。真神方也。

柴胡梔豉湯

柴胡　黄芩　半夏　人参

山梔　豆豉　甘草

右㕮咀水一碗生姜三片大枣二枚煎八分去渣再煎服

卯午瘧

瘧有從卯至午時發者。此邪在陽分也。經曰身半以上。天之陽也。蓋衛氣行於陽。陰氣循陽氣併行而外出。故發於卯而退於午。卯屬木。木能生火。午屬火。火能生土。土屬陽明。陽明正當午也。此邪在陽明氣分。當先散外邪。續以大柴胡湯下之。後以小柴胡湯和之。乃河間治此瘧之大法。臨症者。其變通乎。

大柴胡湯

柴胡　半夏　黄芩　白芍

枳實　大黄製　生薑　大枣

右㕮咀水一碗煎八分去渣服

小柴胡湯

人参　柴胡　黄芩　半夏

甘草　生姜　大枣

右㕮咀水一碗煎八分去渣服

酉子瘧

瘧有從酉至子時發者。此邪在陰分也。經曰身半以下。地之陰也。蓋營氣行於

陰。陽氣循陰氣併行而外出。故發於酉而退於子。酉屬金。金能生水。子屬水。水能生木。木屬厥陰。厥陰正交子也。此邪在厥陰血分。亦當先散外邪。继以桃仁承氣湯下之。後以小柴胡加當歸和之。乃河間治此瘧之大法。臨症者。其活法乎。

桃仁承氣湯

桃仁　大黄　芒硝　甘草　桂枝

右㕮咀水一碗煎八分去渣服

小柴胡湯

人参　柴胡　半夏　黄芩

當歸　甘草　生薑　大枣

右㕮咀水一碗煎八分去渣服

不食瘧

瘧有寒熱不食者。此胃家氣滞也。瘧宜減食。今日不食。必胸悶腹脹矣。雖云氣滞不行。亦由脾元不運。外邪内伏之故也。東垣治以柴胡二陳湯。柴胡去寒熱。二陳和胃陽。再加白术建脾。厚朴除滿。青皮疎滞。草蔻開鬱。神曲消食。令中州運化。邪解胃開。食自強矣。

柴胡二陳湯

人参　柴胡　半夏　黄芩　甘草

生薑　大枣　橘紅　茯苓　青皮

厚朴　白术　草蔻　神麯

右㕮咀水一碗煎八分去渣服

痰瘧症

瘧有寒熱痰多者。此中脘液結也。痰乃五藏六府之津液。循氣血而降者也。惟脾胃屬聚痰之藪。若外感風寒。則痰泛中焦。胸膈痞滿。甚則嘔逆氣粗。丹溪治

以柴胡二陳湯。其方以小柴胡觧半表半裡之邪。以二陳湯去呼吸不利之痰。加枳殼行氣開膈。桔梗提氣除痞。令氣降則火降。火降則痰消。如不愈清脾飲和之。

柴胡二陳加味湯

柴胡　人參　半夏　黄芩　橘紅
甘草　茯苓　枳殼　桔梗

右㕮咀水一碗薑三片棗二枚煎八分去渣服

清脾飲

柴胡　黄芩　白朮　青皮　甘草减半
茯苓　厚朴　半夏　草菓各等分

右㕮咀水一碗姜三片棗二枚煎八分去渣服

無汗瘧

瘧病不論寒熱重輕。總宜汗觧。若元府閉塞。表裡不通。此邪氣勝也。丹溪治以柴胡葛根湯。柴胡開腠理。葛根鬆肌肉。合蘇葉走氣血兩分以發汗。黄芩清熱。半夏通陽。陳皮青皮疎滯。蒼朮茯苓開鬱。甘草人參固正。使邪從汗觧。此無汗要有汗。散邪帶補之法也。

柴胡葛根湯

柴胡　葛根　黄芩　半夏　蘇葉　蒼朮
人參　甘草　橘紅　茯苓　青皮

右㕮咀水一碗薑三片棗二枚煎八分去渣服

多汗瘧

瘧疾之寒熱。固宜汗觧。而亦不可多汗。蓋汗為心液。在内為血。在外為汗。汗多者正氣不固也。東垣治以益氣建中湯。參芪白朮。補氣固表。當歸白芍。養血斂陰。桂枝甘草。和營益衛。飴糖大棗。補土建中。陳皮行滞調氣。少加柴胡升麻升

少陽之邪。令陰陽和而寒熱止。此有汗要無汗。固正帶散之法也。

益氣建中湯

人參　黃芪　白朮　廣皮　甘草　當歸
柴胡　升麻　桂枝　白芍　飴糖　大棗
右㕮咀水一碗煎八分去渣納飴糖沸化服

知栢建中湯 汗多熱勝者用此湯

桂枝　白芍　甘草　飴糖　大棗
知母　黃栢炒　生地　黃芩
右㕮咀水一碗煎八分去渣服

勞瘧症

勞瘧者微寒微熱。經年不差。或愈或發。不任微勞。此脾虛也。蓋脾元強壯則正氣自完。東垣治以建中益氣湯。參芪白朮補脾肺之虛。當歸甘草養肝胆之血。柴胡升麻陳皮。升清降濁。白芍桂枝飴糖。調營和衛。加鱉甲入陰出陽。以解未盡之餘邪。合煎溫服。以愈為度。十全大補湯亦可。小建中加鱉甲亦可。臨症酌用。皆活法也。

建中益氣湯

人參　黃芪　白朮　當歸　甘草
廣皮　升麻　柴胡　桂枝　白芍
飴糖　大棗　生薑　鱉甲
右㕮咀水一碗煎八分去渣服

陰虛瘧

瘧有每日午後惡寒發熱。至晚得微汗而解。脉虛濡而數者。此陰虛也。蓋氣虛則寒。血虛則熱。陰虛而陽亦虛。法宜益陰升陽為主。丹溪治以柴胡四物湯。其方用小柴胡。舉陽以補氣。合四物。養陰以益血。再加知母黃栢以滋腎水。陰足

而陽自和。寒熱頓已。若不參考脉象。而妄作瘧治。多致敗事。

柴胡四物湯

人參 柴胡 半夏 黄芩 甘草 川芎

當歸 白芍 生地 黄柏 知母

右㕮咀水一碗煎八分去渣服

陽虚瘧

瘧發多次。外邪已解。但忽寒忽熱。或二三日一作。或四五日一作。此氣虚也。蓋寒則傷血。熱則傷氣。氣能生血。氣虚而血亦虚。故有静動無常之象也。法當補氣。易老治以參薑飲。其方用人參之甘温者。大補真元。益智添精。通經活絡。同生薑之辛温者。行陽氣而通神明。暢胃土而開鬱。煎濃汁五更時服之。未有不痊者。若貧人無力用參。以白术代之。夜發者加當歸。亦莫不應手。

參薑湯

人參 五錢 生薑 五錢 夜發者加當歸三錢

右㕮咀水一碗煎八分去渣服 每五更一剂連服三剂

瘴瘧

瘴瘧者。其症血乘上焦。病欲來時。令人迷困。甚則發躁狂妄。亦有啞不能言者。此乃風瘴溪源鬱蒸之氣。地土炎苦燥濕不常。人受此瘴氣。則毒涎聚於脾。敗血瘀於心。江南無此症。兩廣多有之。治宜辟邪丹。瓜蒂散吐之。次以芎神丸下之。輕者涼膈散。或小柴胡加大黄木香。如以尋常正法治之。必無效矣。

辟邪丹

硃砂 小豆大者二粒 人信 三分另研 菉豆 四十九粒 雄黑豆 四十九粒

右為末同入鉢内研細水丸三十粒黄丹一錢研末為衣每用一丸取向東桃枝七寸研汁捋井水於發瘧日太陽初出未出時向日吞之

瓜蒂散

瓜蒂　赤小豆　雄黄各一錢

右為末每服五分温虀水調下以吐痰為度

神芎丸

大黄二两　黄芩二两　牵牛四两炒頭末　滑石四两

黄連五錢　薄荷五錢　川芎五錢

右末之水丸随大小加减開水下

凉膈散

大黄酒浸一两　芒硝一两　甘草一两　黄芩酒炒一两　薄荷一两　黑山梔一两　連翹去心二两

右〻味為末之每服三錢加竹葉生蜜煎服

疫瘧

疫瘧者寒熱大作。或寒熱連綿。長幼相似。甚至傳染一方。此一歲中。天地偏勝之乖氣也。治法先以敗毒散發之。不已者。即以大柴胡下之。輕者以二陳湯。加蒼术川芎葛根知母烏梅生薑以和之。此治疫瘧之正法。若時行大疫。又宜見症醫治。不可膠柱鼓瑟也。

敗毒散

茯苓一两　甘草五錢　枳殼　柴胡　桔梗　前胡

羌活　獨活　川芎以上各一两　薄荷三錢

右末之每服一两姜三片水一碗煎八分去渣服

大柴胡湯

柴胡　半夏　黄芩　白芍

枳實　大黄　生薑　大棗

右㕮咀水一碗煎八分去渣服

蟲毒瘧

瘧以蟲毒名者。因夏時天地氣交。百物生發。濕熱熏蒸。百蟲吐毒。水多不潔。人

瘧以寒熱名者因夏時大汗出[illegible]冷而得[illegible]寒熱并居[illegible]不得出入

寒熱瘧

右㕮咀水一碗煎八分去渣服

枳實　大黃　生薑　大棗

柴胡　半夏　黃芩　白芍

大柴胡湯

右末以每服一兩姜三片水一碗煎八分去渣服

羌活　獨活　川芎以上各一兩　薄荷三錢

茯苓一兩　甘草五錢　枳殼　柴胡　桔梗　前胡

敗毒散

瘧疾不可服桂枝發汗也

蒼朮川芎[illegible]知母[illegible]生薑以和之此其治瘧之正法也若[illegible]大瘧又宜見

以赤散也治法先以敗毒散發汗以大柴胡下之若[illegible]以二陳湯加[illegible]

瘧疾[illegible]寒熱交作[illegible]宜服之

瘧

右末以每服三錢白水送下

大黃　芒硝　甘草　黃芩　[illegible]

涼膈散

右末以水丸桐子大

黃連[illegible]

大黃二兩　黃芩二兩　牽牛四兩　滑石四兩

神芎丸

右為末每服五分溫水下以[illegible]

赤小豆　[illegible]各一錢

瓜蒂

飲之。則化為毒涎。遂寒熱如瘧。治此症者。先宜瓜蒂散吐之。如不愈。即以雄黄鮮毒丸。磨沉香水送下以下之。若不速治。則傷藏府。臨症者。大宜審辨。切不可以尋常寒熱視之也。

瓜蒂散

瓜蒂　赤豆　雄黄各一錢

右末之每服五分温虀水調下以吐為度

雄黄鮮毒丸

雄黄　鬱金　巴豆

右末之煉蜜為丸菉豆大每服三四丸磨沉香水下

癖瘧

瘧久反復。腹中有塊者。此為癖瘧。皆由邪氣未清。飲食不節。以致結於腹中。或左或右。或痛或不痛。寒熱或作或止。丹溪治以鱉甲丸。鱉甲色青味鹹。益陰除熱而散結。為治瘧之要品。三稜莪朮。辛苦氣温。散滯去瘀。香附青皮。性味香温。通經鮮鬱。桃仁紅花。辛苦温甘。活血潤燥。加海粉之鹹以軟堅。麥麹之温以和胃。醋糊為丸。清酒送下。每日三錢。癖消瘧愈。

鱉甲丸

鱉甲九筋醋炙　三稜五錢醋炒　莪朮五錢醋炒　香附一兩醋浸　青皮五錢

紅花五錢　桃仁去皮尖五錢　海粉五錢　神曲炒五錢　麥芽炒五錢

右末之醋糊丸桐子大每服三錢空心酒下

消癖丸

鱉甲九筋醋炙　當歸一兩　半夏一兩　柴胡一兩　黄芩一兩

川芎一兩　青皮一兩　乾姜一兩　陳皮一兩　桂枝一兩

厚朴姜炒一兩　黄芪炒一兩　白朮炒一兩　甘草五錢　黄連五錢姜炒

右末之酒煮神曲為丸桐子大每服三錢空心米湯下

密齋平瘧養脾丸 統治諸瘧第一要方神效

人參　黄芩　柴胡　半夏　甘草　蒼朮

厚朴　陳皮　白朮　茯苓　當歸　川芎

猪苓　澤瀉　青皮　桂枝　白豆蔻　鱉甲

右末之酒煮神曲和丸桐子大重者每服三錢輕者每服二錢煎姜棗湯送下以平為度

太陽瘧

太陽瘧。頭疼遍身骨痛。項脊強。先寒後熱。按頭為六陽之首。風干陽位則痛。太陽經行身背脊。邪入其經。則項強骨痛。風寒在衛而不得出。故惡寒發熱也。仲淳治以羌活湯。羌活散肌表而利周身百節之痛。前胡暢脾肺而泄厥陰太陽之邪。澤瀉利濕升清。猪苓開竅發汗。陳皮調中快膈。薑皮透表觧肌。桂枝宣通脉絡。口渴加葛根。汗多加麥冬知母白朮竹葉。久病加黄芪。氣虛加人參。

羌活湯

羌活一錢五 前胡錢五 猪苓一錢 澤瀉炒一錢

陳皮二錢 桂枝一錢 薑皮一錢

右㕮咀水一碗煎八分去渣服

陽明瘧

陽明瘧。熱甚渴甚。煩躁。惡聞人聲。惡心不眠。按陽明經。多氣多血。熱渴者津液欲竭也。脾家喜樂聞絲竹人聲則動。今胃有鬱熱脾動而胃熱更甚。故惡聞也。惡心不眠者。胃不和也。煩躁者。胃熱熏肺。而金不生水也。仲淳治以竹葉麥冬湯。石羔清肺除煩。知母滋胃潤躁。麥冬養心。竹葉和胃。加粳米以培中土。不令藥味之下降也。如汗未大透。加葛根。痰多加蔞仁竹瀝。嘔加竹茹。汗多加人參。惡寒加桂枝。頭痛加羌活。

竹葉麥冬湯

竹葉 四十片加至百片 麥冬 五錢加至一兩五錢 知母 去皮蜜炙三錢加至一兩 粳米 一撮

右㕮咀水二碗煎八分不拘時服

少陽瘧

少陽瘧。寒熱往來。脇痛耳聾。口苦作嘔。按寒熱者。陰陽相乘。而營衛不和也。胆脉行耳前後。氣逆則耳聾。胆火上干於胃府。則口苦。肝胆同歸一治。其氣橫行。則脇痛。仲淳治以柴胡鱉甲湯。柴胡升邪。黃芩清邪熱。半夏和陰陽。人參固正氣。甘草安中土。薑棗調營衛。牛膝利血脉。鱉甲通陰陽。肺火旺。去人參半夏。加麥冬。便燥。加當歸竹瀝。寒多。加桂枝。渴甚。去半夏。加石膏竹葉。

柴胡鱉甲湯

人參　柴胡　半夏　黃芩

甘草　鱉甲　牛膝

右㕮咀水一碗姜三片棗二枚煎八分服

太陰瘧

太陰瘧。寒從中起。寒甚而後熱。嘔甚嘔已乃衰。按太陰屬脾。脾屬中州。寒從中起者。脾寒也。寒甚而後熱者。陰退而陽升也。嘔者。氣逆也。嘔已乃衰者。氣平也。仲淳治以桂枝人參湯。桂枝行陽宣脉。薑皮透表去寒。白芍安脾以歛逆氣。人參固正以補真元。寒甚。加白蔻乾薑。胃弱加橘皮白朮。嘔甚加半夏茯苓。乾嘔加竹茹。熱嘔加木瓜。姜炒枇杷葉亦可。

桂枝人參湯

桂枝 二錢 人參 三錢 白芍 酒炒三錢 薑皮 三錢

右㕮咀水一碗煎八分服

少陰瘧

少陰瘧。惡心惡寒。心煩渴。小便澁。無汗躁欲去衣。或手足冷。或欲飲水。或咽痛。按心腎二經。屬手足少陰。惡寒而煩渴者。邪氣內鬱也。無汗而躁欲去衣者。陰

極之象也。或手足發冷者。寒氣閉塞也。或飲水。咽痛者。陰火上浮也。小便澁者。膀胱之氣不化也。仲淳治以桂枝鱉甲湯。鱉甲牛膝通血脉而和陰陽。桂枝姜皮。宣百脉而通九竅。知母潤腎。茯苓寧心。猪苓發汗。澤瀉利水。橘紅調氣。人參固正。寒甚倍人參薑皮。熱甚倍鱉甲牛膝。痰多加竹瀝姜汁。惡食加白蔻砂仁。

桂枝鱉甲湯

桂枝三錢 鱉甲八錢 知母二錢 牛膝三錢 細辛五分 橘紅一錢

茯苓三錢 猪苓一錢 澤瀉一錢 人參三錢 薑皮一錢五分

右㕮咀水一碗煎八分服

厥陰瘧

厥陰瘧。色蒼蒼然。善太息不樂。按厥陰屬肝。肝屬木。木喜條達。其色青而蒼蒼者肝色也。善太息不樂者。木鬱而不舒也。仲淳治以桂枝當歸湯。桂枝行陽。柴胡升清。當歸養肝血。鱉甲滋肝氣。牛膝通脉。橘紅宣氣。首烏和血祛風益陰堅腎。便燥昏暈欲死者。加麥冬竹瀝。肺火旺及内熱者。去桂枝加知母。

桂枝當歸湯

桂枝一錢至三錢 柴胡一錢至三錢 鱉甲四錢至兩 當歸三錢至五錢

橘紅一錢至三錢 牛膝二錢至五錢 首烏三錢

右㕮咀水一碗煎八分服

三日寒多瘧

瘧三日一發。發時寒多者。此邪氣深也。陽虛則外寒。陰勝則内寒。邪入於陰。是氣遠會希。陰邪内著。故三日一發而寒多也。潔古治以桂枝乾薑湯。桂枝辛甘行陽。當歸辛溫養血。乾薑辛熱去寒。陳皮辛散利氣。加人參之甘溫者。固正祛邪。鱉甲之鹹平者。入陰截瘧良法也。

桂枝乾薑湯

桂枝錢五 乾薑二錢 當歸二錢五 廣皮三錢 人參五錢 鱉甲一兩

右㕮咀水一碗煎八分服

三日寒熱俱勝早晚不齊作止不一瘧

瘧三日一發。邪已深矣。而又早晚不齊。作止不一者何也。寒為陰。熱為陽。陰出與陽爭。陰勝則寒。陽入與陰爭。陽勝則熱。今邪氣深入於陰分。與衛氣併行一百五十度而始發。發則陰陽錯乱。故寒熱甚而早晚作止不一也。太無治以梅桂飲。桂枝薑皮去寒。知母麦冬清熱。葛根解肌。陳皮利氣。牛膝通脉。鱉甲通陰。加烏梅首烏入血分以逐風邪。取酸則散。濇則通之義也。渴加石羔竹葉。虛加人參。汗多加黄芪。便燥加當歸。惡食加白蔻。瀉加茯苓肉菓白术車前。痰多加半夏竹瀝。

梅桂飲

桂枝　烏梅　薑皮　葛根　鱉甲
麦冬　知母　橘紅　牛膝　首烏

右㕮咀水一碗煎八分五更時服

胎前熱多口渴瘧

胎前發瘧。宜和胎為主。藥當和緩。揔以寒熱之多少治之。若熱多口渴。是邪熱伏於胃府。法宜清熱。仲淳治以參苓飲。黄芩養陰保胎。麦冬固氣清肺。知母潤燥滋水。橘紅順氣。竹葉涼心。石羔止渴。茯苓寧神。柴胡達邪於表。人參補正於裡。寒甚者。加薑皮。胃弱者。加白术。

參苓飲

人參二錢　茯苓三錢　竹葉五十片　橘紅二錢　柴胡一錢
石羔五錢　麦冬五錢　知母二錢　黄芩酒炒二錢

右㕮咀水一碗煎八分服

胎前寒甚不渴瘧

胎前寒瘧不渴者。蓋陰勝則内寒。陽虛則外寒。内外皆寒。故不渴而亦無汗也。

此症既不可不汗。又不可過汗。既不可不用熱藥。又不可過用熱藥。過散則傷元氣。過熱則動胎元。仲淳治以參橘湯。人參甘温固正。薑皮辛熱去寒。橘紅辛散調氣。益陽則寒自止。固正則邪自散。如汗多者。加黄芪。胃弱者加白术。或倍加人參。瘧發夜晚者加當歸。

參橘湯

人參 五錢　橘紅 二錢　薑皮 五錢

右㕮咀河水一碗煎八分五更時服

產後瘧主方

產後氣血大虧。法當温補去瘀。調脾養正。今胎前有瘧。產後未平。或產後半月感邪病瘧。亦不可作尋常之瘧症也。仲淳治以歸柴飲。當歸養血。牛膝和血。橘紅順氣。茯苓調氣。乾薑温中。柴胡達表。鱉甲和裡。渴加花粉麦冬。痰加半夏。或貝母。胃弱加人參。汗多加黄芪。肺熱加白芍。寒甚加桂枝。熱甚加青蒿。血瘀加蘇木黑豆延胡索。若氣血兩虛。寒熱如瘧者。切不可作瘧治。當大補氣血為主。臨症大宜審辨。

歸柴飲

當歸　柴胡　鱉甲　牛膝

茯苓　橘紅　薑皮　乾薑

右㕮咀水一碗煎八分五更時服

陰虧瘧

瘧有真陰虧損者。其症寒来如氷。熱来如烙。面赤如脂。渴欲飲水。此腎水不足。陰火上浮。水不上升。火不下降。若妄投白虎則斃矣。養葵治以加味地黄丸。地黄滋陰補腎。山萸固氣温肝。山藥清虛熱於肺脾。茯苓交水火於心腎。丹皮凉血退熱。澤瀉利水泄邪。加肉桂補命門真火。白芍歛血海元陰。柴胡清肝胆之邪。五味滋化元之本。令水火相濟。此發前人所未發也。

加味地黃湯

地黃　山萸　山藥　茯苓　澤瀉

丹皮　肉桂　五味　白芍　柴胡

右㕮咀水四碗煎一碗三次服

陽虛瘧

瘧有真陽虧損者。其症晝見夜伏。夜見晝伏。倏忽往來。寒熱時作時止。面亦如脂。口不甚渴。吐痰如湧。身以上熱如烙。膝以下自覺冷。然亦有每發時飲湯不絕。必得五六大壺其渴方可者。此真陽上泛。腎虛極矣。養葵治以八味地黃湯。地黃滋水。肉桂補火。山萸潤肝。山藥清肺。丹皮解熱。茯苓降氣。澤瀉去邪。更加附子以助真陽。作全料煎五碗。以水探冷。連進代茶。即熟睡而愈。繼以人參建中湯調理。誠前人所未及也。

八味地黃湯

熟地　山藥　山萸　茯苓

澤瀉　丹皮　肉桂　附子

右㕮咀水八碗煎五碗病者渴時代茶服

人參建中湯

人參一錢白芍二錢甘草一錢肉桂七分飴糖三錢大棗三枚

右㕮咀水一碗煎六分服

痢後瘧

痢屬濕熱為病。下多亡陰。氣血已隨痢敗。陰陽兩虛。而又忽病瘧者。此陽虛惡寒。陰虛發熱。故寒熱往來。乃似瘧非瘧也。然亦有外感風邪之正瘧。總作虛治。東垣療以補中益氣湯。人參黃芪補氣。白朮當歸養血。陳皮甘草調胃。柴胡升麻能升能降。用以宣暢氣血而和表裡也。或加桂附少許以溫補之。臨症活法為要。

補中益氣湯

人参　黄芪　白术　當歸

陳皮　柴胡　升麻　甘草

右㕮咀姜三片枣二枚白水煎

瘧母

瘧久。治之失手。營衛虧損。邪伏肝經。脇下有塊。此為瘧母。皆由正虚邪匿。食積凝滯。每見攻發者多致不救。法宜補氣為主。兼行消導。東垣治以六君子湯。人参白术補正。廣皮甘草調氣。茯苓半夏和胃。加木香行滯。肉桂温肝。鱉甲入陰出陽。以消瘧母。共末為丸。日服三次。緩治成功。

加味六君子湯

人参　白术　茯苓　半夏　木香

陳皮　甘草　肉桂　鱉甲

右末之米湯糊丸每服三錢空心開水下日三服

鬼瘧

俗以夜發者。為鬼瘧非也。邪在陰分。發於六陰。宜四物湯。加知母紅花升麻柴胡。提至陽分。則漸止矣。惟時行不正之氣。是鬼瘧也。其症至夜。則寒熱大作。忽輕忽重。甚至譫語亂言。嘔吐胸悶。投藥罔效。深師治以加味平胃散。蒼术驅邪逐鬼。厚朴下氣開悶。陳皮甘草和胃止嘔。加雄黄桃仁以除不正之氣。

加味平胃散

蒼术　厚朴　陳皮　甘草　雄黄　桃仁

右㕮咀水一碗煎七分服

二味鱉甲散 統治諸瘧

九節大鱉 醋炙十兩　雄黄 錢二分

右研細末每服一錢空心酒下蜜丸服二錢

柴胡桂枝湯 治寒多熱少或但寒不熱者太陽亦變也

柴胡　人參　半夏　黃芩　甘草　桂枝

薑一片棗二枚水煎服

白虎桂枝湯 治熱多寒少或但熱不寒者陽明亦變也

石膏　知母　甘草　粳米　桂枝　水煎服

桂枝石膏湯 治寒熱大作汗不出者太陽陽明合病也

桂枝　石膏　知母　黃芩　水煎服

桂枝黃芩湯 服桂枝石膏湯後瘧愈甚者三陽合病也服此湯

桂枝　柴胡　人參　半夏　黃芩

石膏　知母　甘草　生薑　大棗

水煎服

瘧脉

瘧脉自弦　弦數多熱　弦遲多寒

弦浮大者可吐　微則為虛　代散者死

痢疾論

古人謂滯下者。即痢疾也。症屬濕熱。溽暑時行。此濕熱生於外也。膩嗜肥甘。此濕熱生於內也。內外交感。腸鳴腹痛。裡急後重。膿血稠粘。俗云無積不成痢。是也。痢有赤白兩種。白屬肺金。氣分受病。所下之物。從大腸來。難經所謂大腸泄也。宜辛溫以散之。如乾薑之類。赤屬心火。血分受病。所下之物。從小腸來。難經所謂小腸泄也。宜苦寒以清之。如黃連之類。赤白相雜。氣血俱傷。宜寒熱兼用以和之。如黃連木香之類。世人以赤為熱。白為寒者誤矣。丹溪曰。先水瀉而後痢者。為脾傳腎。腸胃敗而水穀絕。必死。先痢而後水泄者。為腎傳脾。腸胃和而水穀通。必愈。由此觀之。瀉為脾病。痢為腎病明矣。河間云。行血則便膿自愈。和氣則後重自除。又云後重宜下。腹痛宜和。身重宜除濕。脉弦宜去風。膿血交雜以重藥竭之。身冷自汗。以熱藥和之。風邪外束。宜汗之。鶩溏為痢。宜溫之。又曰在表汗之。在裡下之。在上湧之。在下竭之。身表熱者。內疎之。小便澀者。分利之。

又曰盛者調之。去者送之。過者止之。此治痢之大法也。醫者臨症。其變通乎。

痢疾

痢疾。即滯下也。內經謂之腸澼。病根在脾腎兩經。總因風寒暑濕。生冷油膩。熏蒸鬱熱。積於大腸。或傷氣。或傷血。以致裡急後重。膿穢交雜。下注肛門。治者宜分寒熱虛實新久。不可概行蕩滌。初病法宜和解。東垣治以升麻除濕湯。升麻柴胡升清。猪苓澤瀉降濁。蒼朮燥濕開鬱。白芍和陰益血。甘草調中補土。加羌防鼓胃氣而行經絡。麴麦去滯氣而除垢膩。病不已。再分症用藥。

升麻除濕湯

升麻一錢 柴胡一錢 羌活一錢 防風一錢 蒼朮錢五 猪苓一錢

澤瀉一錢 神麴一錢 麥芽一錢 甘草五分 白芍一錢

右㕮咀水一盞煎八分服

白痢

痢疾論

古人謂滯下者，即痢疾也。[illegible]

[illegible]

以重藥竭之。身冷自汗以熱藥溫之。風邪內束宜汗之。鶩溏為痢宜溫之。[illegible]

在表汗之。在裏下之。在上涌之。在下竭之。身表熱者內疏之。小便澀者分利之。[illegible]

又曰：盛者調之。去者送之。過者止之。兵法云：避其來銳，擊其惰歸，此之謂也。

痢疾。即滯下也。[illegible]

[illegible]柴胡升清。猪苓、澤瀉降濁。[illegible]

防鼓胃氣而行於經絡。[illegible]

升麻除濕湯

升麻一錢　柴胡一錢　羌活一錢　防風一錢　蒼朮一錢五　黃芩一錢

澤瀉一錢　神麯一錢　麥芽一錢　甘草五分　白芍一錢

右以水一盞煎八分服

白朮

濕熱傷於氣分則痢白。白屬肺金。所下穢物。從大腸來。以肺與大腸為表裡。即難經所謂大腸泄也。宜用辛溫密齋治以四君子湯。和丹溪保和丸。人參甘溫補氣。白朮苦燥去濕。茯苓淡滲瀉熱。甘草甘平益土。再和山查酸溫化滯。神曲辛溫去垢。萊菔辛甘下氣。麦芽鹹溫軟堅。連翹苦寒散結。半夏辛滑和脾。陳皮辛散利氣。如腹痛後重。香連丸調之。

四君子湯

人參　白朮　茯苓　甘草

右㕮咀水一碗薑一片煎八分和保和丸服

保和丸

山查三兩去核炒　神曲炒一兩　茯苓一兩　半夏一兩

陳皮五錢　萊菔炒五錢　連翹去心五錢

右味之煉蜜為丸每服三錢

香連丸　治痢要藥然亦有不應用者

川連二兩吳茱萸十兩同炒去茱萸　木香四兩八錢

右末之醋糊米飲下一方等分蜜丸一方加甘草八兩黃連用蜜水拌蒸晒九次一方加檳榔三兩

赤痢

濕熱傷於血分則痢赤。赤屬心大。所下穢物。從小腸來。以心與小腸為表裡。即難經所謂小腸泄也。法宜涼苦密齋治以四物湯和丹溪木香導滯丸生地甘寒。入腎滋水。當歸辛甘。入心生血。白芍酸寒。入肝益陰。川芎辛散通上下而行血中之滯。更用山查酸溫行氣。黃芩苦寒清熱。黃連苦燥去濕。黃柏苦辛潤燥。麦芽鹹溫除垢。神曲辛溫化滯。陳皮辛散調中。木香辛苦理氣。甘草緩中補土。如後重腹痛。加檳榔大黃少許以通之。

四物湯

右末。以陳米粥為丸。每服三錢

香連丸

茶酒丸　又一方加檳榔三兩

赤痢

濕熱傷於血分則痢赤。赤屬心火。所下黴從小腸來。以心與小腸為表裏。即難經所謂小腸泄也。法宜涼血。丹溪治以四物湯和芍藥湯。生地甘寒。入心滋水。當歸辛甘。入心主血。白芍酸寒。入肝益陰。川芎辛散。上下通達。行血中之滯。更用山查酸溫行瘀。黃芩苦寒清熱。黃連苦燥濕。黃柏苦辛潤燥。麥芽醎溫除濕。神曲辛溫化滯。陳皮辛苦理氣。如後重腹痛加檳榔大黃少許以通之。辛散調中。木香辛苦理氣。甘草緩中補土。

四物湯

生地　當歸　白芍　川芎

右㕮咀水一碗煎八分和木香導滯丸服

木香導滯丸

木香二錢　山查炒五錢　黄芩二錢　黄連三錢　黄柏二錢

麥芽三錢　神曲三錢　陳皮二錢　甘草一錢

右末之酒糊丸每服三錢

赤白痢

痢屬濕毒。傷於氣分則下白。傷於血分則下赤。氣血兩傷。赤白雜下。皆由寒暑不調。冷熱不節。食飲與客邪。積於腸胃。欲行不行。致腹痛後重。而起卧不安也。東垣治以阿膠梅連丸。阿膠補陰和血而利大腸。茯苓滲濕調氣而利積熱。白芍益陰行滯。黄柏除濕清熱。黄連燥濕以厚腸胃。當歸養陰以療腹痛。炮薑止痢。烏梅解毒。後重甚者。加升麻以升之。腹痛甚者。加香查以通之。痢不暢者。加大黄以行之。或用保和丸以和之。

阿膠梅連丸　或用八珍湯送丹溪保和丸兼服香連丸

阿膠炒　茯苓　烏梅去核　白芍炒

黄柏炒　黄連炒　炮薑　當歸各等分

右為末水疊丸每服三錢米飲下日三服　保和丸方見前

外感痢

痢疾初起。有發熱惡寒。身首俱痛者。此屬外感風寒。脉絡閉塞。致脾胃之氣不行。食滞中焦。化為濕熱而成痢也。法宜先行解表。海藏治以神术散。羌防辛温除風去濕。蒼术辛烈。發汗散寒。加甘草之甘平者。以和中。亦發中有收之意也。得汗則邪去痢止。如不已。用柴苓湯和之。審症施治。不可據下據濇以招禍也。

神术散

蒼术二兩　防風二兩　甘草一兩　羌活一兩

右為末每服二三錢姜二片葱二支水一碗煎八分服

柴苓湯

柴胡　黄芩　半夏　人参　甘草

白朮　茯苓　猪苓　澤瀉各等分甘草減半

右㕮咀姜三片水一碗煎八分服小柴胡去人参加蒼朮川芎陳皮亦治此症酌用可也

先泄後痢

先水泄而後變痢。此太陰傳少陰。名為戊傳癸。裡急後重者。胃氣下陷也。膿血交雜者。穢垢下溜也。此陽陷於陰。腸胃敗而水穀絶。其病多死。潔古先以厚朴散治之。厚朴去垢。木香調滯。黄連清熱。甘草和氣。加訶子濇以収脱。温以開胃。更用大黄以蕩賊邪。継以和中飲調之。白芍當歸養血。茯苓白朮補氣。陳皮甘草益胃。沙糖倉米安脾。加肉菓烏梅粟殼温中土而生津液。固腎本而濇大腸臨症活法。庶幾近焉。

厚朴散

厚朴去皮一兩　訶子半生半熟一兩　木香五錢

甘草炙三錢　黄連姜汁炒三錢　製大黄二錢

右末之每服五錢水一盞煎八分服

和中飲

白朮一錢　廣皮一錢　茯苓二錢　白芍二錢　沙糖三錢　當歸二錢

甘草四分　肉菓八分　烏梅一箇　陳倉米三錢　粟殼去穰蒂蜜炙錢五

右㕮咀薑三片棗二枚水一盞煎八分服

先痢後泄

先痢疾而後水泄。此少陰傳太陰。名為癸傳戊。便溺自利者。濕熱氣除也。膿血不下者。積滯已盡也。是陰釆從陽。腸胃和而水穀通。故易愈。東垣先以升麻防

風湯治之。蒼朮燥濕開胃。白朮益氣補脾。白芍歛陰和血。茯苓利水滲濕。加防風升麻之辛輕者。以升下陷之清氣。繼用神效参香散以和之。粟殻收脫。肉菓温腸。扁豆固氣。木香調滯。陳皮理中。茯苓滲水。加人参大補真元。米飲奠安中土。臨症變通。自必應手。

身冷自汗痢

右末之每服一錢米飲調下

肉菓煨三錢 陳皮五錢 粟殻去穰蒂醋炙四錢

人参一錢 木香一錢 茯苓三錢 扁豆炒四錢

神效参香散

右㕮咀水一碗先煎蒼朮去渣下五味煎八分服

升麻一錢 防風二錢 白朮一錢 蒼朮三錢 白芍一錢 茯苓一錢

升麻防風湯

痢疾身冷自汗。脉来微弱。氣少倦言。甚則嘔吐。此為急病。按自汗固属陽虚。而身冷尤為陰厥。氣血兩虧。久痢欲絶之候也。若不速救真陽。勢亡頃刻。元素治以漿水散。其方用附子肉桂之大熱者。以補命門之真火。協乾薑良薑之辛温者。以扶中土之元陽。加半夏通陰陽之逆氣。合甘草和經絡之血脉。陽回則汗自止。煎以漿水者。取酸收熱藥以和之也。日三四服。以愈為度。

漿水散

附子炮五錢 肉桂五錢 乾薑三錢 良薑二錢 甘草炙四錢 半夏一两

右末之每服三五錢漿水二盞煎一盞和渣熱服

身熱腹痛赤痢

下痢赤積。身熱腹痛。裡急後重者。此濕傷血也。身熱由於内熱。腹痛由於氣滞。裡急後重者。大腸攏結不行也。河間治以芍藥湯。白芍當歸歛陰和血。黄芩黄連清熱利濕。木香行氣。桂心散結。甘草調中。加大黄以通之。梹榔以泄之。芒硝

以蕩之。如不已。去芒硝。加升麻以升之。臟毒下血。去梹榔。加黃柏以潤之。行血則便膿自愈。和氣則後重自除。即此方也。

芍藥湯

白芍二錢　當歸一錢　黃芩一錢　黃連一錢　甘草五分

木香五分　桂心五分　大黃七分　梹榔五分

右㕮咀水一盞煎八分空心服

胸悶腹痛白痢

下痢白積。胸悶腹痛。裡急後重者。此濕傷氣也。腹痛乃屬氣逆。胸悶又屬氣虛。裡急後重者。大腸垢滯不利也。河間治以加味芍藥湯。白芍當歸養陰益血。黃芩黃連清熱去濕。木香行滯。桂心散結。甘草調中。加陳皮白朮補脾開悶。乾薑舒氣暢中。更加大黃梹榔。除後重而療腹痛。如小便少者。調益元散服之。見症再行加減活法也。

加味芍藥湯

白芍　當歸　黃芩　黃連　大黃酒製　甘草

木香　桂心　梹榔　陳皮　白朮　乾姜

右㕮咀水一盞煎八分服

益元散

滑石六兩　甘草一兩　辰砂一錢

右末之每服一錢受暑及內熱泄痢小便不通煩渴者或冷水下或燈心湯下或姜湯下

溲澁膿血痢

痢有裡急後重。數至圊而不能便。莖中痛者。即難經所謂大瘕泄也。腎開竅於二陰。前陰主氣。溲澁不利。莖中痛者。氣受病也。後陰主血。裡急後重便膿血者。血受病也。此濕傷氣血兩分也。丹溪治以四物加味湯。二苓入肺而利膀胱。澤

瀉入腎而通水道。白朮入脾去濕。合生地凉血。白芍斂血。當歸養血。川芎和血。草稍以去莖中之痛。如不已。加大黃滑石木通木香以利之。

四物加味湯

當歸錢五 川芎一錢 白芍一錢 生地一錢 白朮一錢 茯苓一錢 豬苓一錢 澤瀉一錢 甘草稍一錢二分

右㕮咀水一盞煎八分服

腹不痛痢

痢有便後下血。腹中不痛者。謂之濕毒下痢。此血被濕傷。積於大腸。而氣未受困。故不痛也。丹溪治以黃連湯。調天水散。黃連苦寒。厚腸去濕。當歸辛溫養血和肝。甘草味甘。緩中益氣。合滑石輕能解肌。重能清火。寒能瀉熱。滑能利竅洩能行水良法也。

黃連湯

黃連五錢 當歸五錢 甘草二錢

右㕮咀作二服水一盞煎七分調天水散五分食後服

天水散

滑石六兩 甘草一兩

右為末每服一錢或五分開水下胃熱作嘔者姜湯下

腹急痛痢

痢有大便後下血。腹中急痛者。謂之熱毒下痢。此血被熱傷。積於大腸。氣復受困。故急痛也。東垣治以芍藥黃連湯。白芍斂陰益血。黃連解熱去毒。黃芩除濕止痢。當歸養血和肝。甘草緩中瀉火。如不已。加乾薑溫以散之。木香辛以和之。或更加桂心之熱者以通之。臨症變通。不可拘執。此即仲景黃芩湯之變法也。

芍藥黃連湯

白芍 黃連 黃芩 當歸 甘草

右㕮咀水一盞煎七分服

鬱金散 治熱毒痢下血不止

真川鬱金五錢 槐花炒五錢 甘草炙二錢五分

右為末每服二錢豆豉湯調下食前服

下痢小便利者

下痢膿血。小便利者。此濕熱偏於血分也。後陰主血。濕熱蓄於大腸。則膀胱無熱邪之秘。而州都有氣化之機。故小便自利。惟治膿血為主。元素治以加減四物湯。側柏和陰滋肺。而燥胃土。槐花清熱潤肝。而涼大腸。荊防去風燥濕以升清。黃芩養陰退陽以泄熱。地榆斂血止痢。甘草益氣調中。烏梅澁血解毒。合川歸芎地以和血中之滯。如不已。四物蘗皮湯主之。

加減四物湯

側柏葉八分 槐花六分 地榆六分 黃芩六分 甘草炙四分 荊芥四分

防風六分 烏梅一個 生地五分 川芎三分 白芍五分 當歸五分

右㕮咀水二盞生薑一片煎七分空心服

四物蘗皮湯

當歸七分 生地一錢 川芎五分 白芍五分

蘗皮一錢 黃連一錢 黃芩一錢

右㕮咀水一盞煎七分調益元散一錢服

下痢小便不利者

下痢膿血。小便不利者。此濕熱偏於氣分也。前陰主氣。濕熱浸於小腸。則膀胱為熱邪所秘。而州都失氣化之常。故小便不利。宜兼利小便為主。海藏治以加減八正散。車前涼血去熱。利水。木通降火清氣利竅。滑石瀉熱通淋。山梔解鬱散火。草稍達莖中而利小便。大黃瀉濕熱而清大腸。合當歸白芍生地。以調血養血。如不已。另以三黃解毒丸。白湯送下。

加減八正散

車前　木通　滑石　山梔　甘草稍

大黃煨　生地　當歸　白芍各等分

右㕮咀水一盞煎八分服

三黃解毒丸 治熱血痢

大黃　黃連　黃芩　黃柏　白芍　桃仁

當歸　滑石　白朮　甘草　陳皮各等分

右末之神曲打糊為丸桐子大每服三錢白湯送下

血痢久不止

血痢久不止者。陰虧也。心主血。脾統血。肝藏血。若血滲大腸。血為濕困。逆不歸經。濇之則瘀。凉之則滯。法宜和解。易老治以四物湯。生地凉血去熱。當歸引血歸經。白芍和血斂陰。川芎養血調氣。加黃連苦寒以厚腸胃。阿膠甘平以調大腸。茯苓甘淡以滲濕熱。其法用四物湯。送下阿膠丸。共成止血之良劑。如不已。去芎歸。加薑灰荆芥灰少許以和之。烏梅一二枚以収之。

四物湯

生地　當歸　川芎　白芍

右㕮咀水一盞煎八分送黃連阿膠二錢

黃連阿膠丸

黃連三兩　阿膠炒二兩　茯苓二兩

右末之以阿膠熬膏和丸桐子大米湯送下亦可

下痢煩渴能食者

下痢煩渴能食。少便澁。腹痛後重。脉洪大而緩者。此濕熱在腸胃也。煩渴屬胃熱。熱則消穀。故能食。便少者。熱不下行也。腹痛後重者。氣逆不通也。脉洪大而緩者。正虛而熱甚也。丹溪治以河間桂苓甘露飲。送保和丸。甘草滑石石膏寒

水石。甘寒以治煩渴。白术茯苓澤瀉猪苓。甘淡以利小便。桂心導脉化氣。送保和丸者。療腹痛後重。以蕩湿熱也。氣虚加人参黄芪。氣滞加木香。臨症通変為要。

河間桂苓甘露飲

滑石四兩 石膏二兩 寒水石二兩 甘草二兩 白术一兩 人参一兩

茯苓一兩 澤瀉一兩 猪苓五錢 肉桂五錢 木香五錢 黄芪一兩

右末之每服五錢水煎服

丹溪保和丸

山查三兩炒 神曲丙炒 茯苓一兩 半夏一兩

陳皮五錢 連翹五錢 莱菔子炒五錢

右末煉蜜為丸每服三錢

下痢食少腹痛者

下痢食少。腹痛後重。夜多下利者。此濕多熱少也。食少由於胃鬱。腹痛由於氣滞。後重由於湿積。夜多利者。陰虚也。立齋治以茯苓湯。送下保和丸。蒼术辛温開鬱。肉桂辛熱補火。苓澤甘淡利湿。歸芍酸温益陰。升柴辛温升清。黄芩苦寒清熱。甘草甘平和中。煎湯送下保和丸者。蕩腸胃之滞。以除腹痛後重之患也。

茯苓湯

茯苓錢五 蒼术錢五 柴胡一錢 升麻一錢 甘草一錢 黄芩一錢

白芍錢五 澤瀉一錢 猪苓一錢 當歸一錢 肉桂五分

右㕮咀水一盞煎八分送保和丸三錢

下痢食少腹脹者

下痢食少。腹脹且痛。裡急後重。其脉弦緊者。此寒湿在胃也。腹脹屬脾寒。腹痛屬氣逆。食少屬中土不和。後重屬湿凝氣滞。脉弦緊者。寒熱不調之象也。丹溪治以加味平胃散。蒼术厚朴。辛温以除脹滿。陳皮甘草。辛甘以利逆氣。加白术

補脾益胃。白芍止痛和陰。肉桂去寒。葛根升陽。茯苓降濁。煎湯和丸二錢頓服。諸症自平。

平胃加味湯

蒼朮　厚朴　陳皮　茯苓　甘草

葛根　肉桂　白芍　白朮

右㕮咀水一盞煎八分送保和丸二錢

血虛下痢

下痢面黄。不食神衰。腹痛後重。血水下流者。此血虛也。痢疾揔屬濕熱。利久血虛。濕終留滯。若不補正去邪。則難愈矣。窑齋治以加味四君子湯。人参白朮。甘温補氣。茯苓甘草。甘淡和中。加當歸之辛温者以養血。陳皮之辛甘者。以調濕熱未清。則腹痛後重不解。故用保和丸一錢。同四君子湯送下。補中益氣湯亦可。産後常有此症。

氣虛下痢

加味四君子湯

人参　白朮　茯苓　甘草　當歸　陳皮

加升麻柴胡即補中益氣湯

右㕮咀水一盞煎八分送下保和丸一錢

下痢面白。不食神倦。腹痛後重。微汗時出者。此氣虛也。痢疾揔屬濕熱。利久氣虛。濕留不散。若不同正祛邪。終難愈矣。東垣治以黄芪建中湯治之。脾居四藏之中。生育榮衞。通行津液。氣虛者必補脾。故以飴糖甘草以建中州。桂枝辛潤以和榮衞。白芍酸寒以調津液。生姜辛温大棗甘温辛甘相合。脾胃建矣。經云無陽則陰無以生。故加黄芪益胃生血。濕熱未盡。腹痛後重不除。用保和丸一錢。同建中湯送下。補中益氣湯亦可。産後常有此症

黄芪建中湯

黄芪　飴糖　甘草　白芍　桂枝　生姜　大棗

右㕮咀水一盏煎八分送下保和丸一錢

下痢腹痛實症

下痢腹痛其脉弦滑而大者。此實症也。濕熱積於大腸。氣滯不行。故腹痛。脉大則病進。脉滑則為痰。脉弦則藏不和。法宜蕩滌。仲景以承氣湯下之。芒硝鹹寒。潤燥軟堅。大黄苦寒。去痰泄熱。枳實酸苦降氣。厚朴苦温散滿。所謂土鬱則奪之也。如兼後重甚者。更加木香檳榔以通之。

大承氣湯

大黄　芒硝　枳實　厚朴

右㕮咀先煎大黄枳實厚朴去渣納芒硝煎一二沸服

下痢腹痛虚症

下痢腹痛其脉沉遲而弱者。此虚症也。大腸之濕熱已去。陰氣未和。故腹痛。脉沉為在裏。脉遲為寒。脉弱為虚。法宜温補。景岳治以小建中湯。白芍酸寒。土中泄木。糖草甘温。補脾養胃。桂枝辛熱。佐白芍而療腹痛。薑棗甘温。通陽氣而行經脉。機要云。腹痛者。和之。補之。泄之。皆治法也。若兼後重。加當歸養肝。青皮疎肝。以腹痛揔属肝邪横逆也。

小建中湯

桂枝　飴糖　甘草　白芍　生姜　大棗

右㕮咀水先煎桂芍草姜大棗去渣納飴煎化服

下痢後重實症

下痢後重。其脉洪大而数者。此實症也。大腸之氣。為濕熱凝滯不通。而穢物欲下不下。故後重。脉来洪数。皆為實脉若不即行宣利。則後重不除。河間用大承氣。調木香散以下之。大黄蕩熱。芒硝去垢。枳朴通氣逆。調木香檳榔丸者。亦清熱行氣之意也。保和丸亦主之。三乙承氣湯亦可。若下墜異常。積中有紫黑血塊者。桃仁承氣湯。臨症變通為要。

大承氣湯

大黄　芒硝　枳實　厚朴

右㕮咀水一盞煎大黄枳朴去渣納硝沸一二服

木香檳榔丸保和丸見前

木香　檳榔　黄連　黄柏　青皮

陳皮　大黄　枳殼　香附

右為末芒硝疊丸量服枳實導滯丸亦可服東垣

下痢後重虚症

下痢後重。其脉細弱而沉者。此虚症也。大腸之氣。為混温下降不升。故空坐努力無穢若不即行升氣。則後重不止。東垣治以加味補中益氣湯參芪白术補氣。升麻柴胡升氣。甘草陳皮調氣。倍加當歸養血。白芍斂血。生地凉血。更以桃仁泥佐之者。去瘀生新之意也。氣升血生。病自安矣。

補中益氣加味湯

人参　黄芪　白术　陳皮　當歸　桃仁

升麻　柴胡　甘草　白芍　生地

右㕮咀水一盞煎七分服

下痢大孔肛痛

下痢大孔肛痛者。此熱流於下也。按痛由氣逆。熱既下流。則不應痛。其所以痛者。熱邪未盡也。大孔肛門也。熱注肛門。故下痢時痛。此痛在肛門而不在腹。好古治以加味芍藥湯。芍藥斂血。當歸和血。黄、芩清熱。木香行滯。甘草調中。黄連泄火而凉大腸。桂心散結而蕩鬱熱。加炮薑之辛苦者。使陽生陰長。又能引血藥入氣分而生血也。如久不止。更加槐花秦艽去腸胃之熱。而辛散之。肛門不収者。用荆芥五倍子末和朴硝煎湯熏洗。軽手托入以帛勒之。

芍藥湯

白芍 當歸 黃芩 黃連 甘草
木香 桂心 秦艽 乾薑炮 槐花

右㕮咀水一盞煎八分服

下痢更衣不止

下痢更衣不止者。此痢减十之七八。穢積已除。糟粕未盡。大腸不行收令故也。更衣者言時時下痢。穢物污衣。更換不及也。時珍治以加味白朮芍藥湯。白朮苦溫補氣。白芍酸寒斂血。茯苓甘淡滲濕。陳皮辛溫調滯。甘草甘平益胃。另用樗根白皮為丸。藥湯送下。取固脫之義也。此丸燥濕澁腸。若濕熱未清。不可用。

加味白朮芍藥湯

白朮炒一錢 白芍炒一錢 茯苓一錢 陳皮七分 甘草炙五分

右㕮咀水一盞煎八分送固腸丸一錢

固腸丸

樗根白皮 不拘多少洗去泥細切晒干略炒

右為細末米糊丸桐子大每服一錢陳米湯下亦可

久痢滑泄不止

痢久滑泄不止者。此血虧而氣又虛也。痢多亡陰。下多脫氣。氣血兩虧。而濕猶未盡。若治之失手。禍不旋踵矣。寄齋治以真人養臟湯。參朮補氣。歸芍養血。甘草和中。木香調滯。訶子粟殼固脫收滑。肉菓肉桂。補腎益脾。大腸濕熱未盡。用梅連丸以清之。如不已。用和中飲以調之。補中益氣以升之。臨症審用。

真人養臟湯

人參 白朮炒 當歸 白芍炒 甘草炒
木香 肉桂 訶子煨 肉菓煨 粟殼去蒂膜蜜炙

右㕮咀水一盞煎八分送梅連丸

梅連丸

阿膠炒　茯苓　白芍炒　黄柏炒

黄連炒　當歸　炮薑　烏梅各等分

右為末阿膠溶化為丸每服一二錢米飲下亦可

和中飲

白朮　陳皮　茯苓　白芍　草豆蔻

甘草　沙糖　粟殼　烏梅　陳倉米

右㕮咀姜一片枣二枚水一盞煎服

補中益氣湯

人參　黄芪　白朮　當歸

陳皮　甘草　柴胡　升麻

右㕮咀姜枣煎服

休息痢

痢名休息者何也。言久痢不止。氣血兩傷。纏綿歲月。赤白兼下。此濕熱留滯大腸。脾胃之氣下陷也。蕩之不能。澁之不可。和之無益。東垣治以阿膠梅連丸。阿膠甘平。養血而調大腸。白芍酸寒。和陰而益肝血。當歸辛温養陰。黄連苦寒泄熱。茯苓甘淡滲濕。黄柏辛苦潤燥。炮姜辛苦生陽。烏梅酸温收氣。如不已。用補中益氣湯以升之。

阿膠梅連丸見前　補中益氣湯見前

久痢萎頓

痢経数月。飲食不香。此氣血兩傷之候也。萎頓者。痩弱不能起床之謂也。皆由濕熱傷於藏府。脾胃漸虧。真陰消爍。若治不如法。神机息矣。東垣治以加減益氣湯治之。參芪白朮。甘温補氣。當歸白芍酸辛養血。升麻辛輕以升清。澤瀉鹹淡以降濁。陳皮甘草辛甘以調中。地榆粟殼苦濇以固脫。白蔻香温能轉三焦之氣。砂仁辛温能快中焦之土。如不已。須灸天樞氣海二穴。

加減補中益氣湯

白朮一錢 白芍一錢 黃芪五分 人參五分 當歸七分
粟殼三分醋炒 甘草炙三分 木香三分 白豆蔻三分 升麻三分
陳皮一錢 地榆五分 砂仁五分 澤瀉五分

右㕮咀水一盞半煎一盞服

濕毒噤口痢

痢之噤口者何也。此濕熱之毒。熏蒸清道。上冲胃口。謂之濕毒犯胃。故聞食則嘔。閉塞而成噤口。經云得穀則昌。絕穀則亡。凶兆也。丹溪治以黃連人參湯。黃連苦寒。以除濕毒。人參甘溫以養胃氣。煎汁不時咽飲。即可得生。然又有土虛而不能食者。當用升麻。甘辛微苦者以升清。人參甘苦性溫者以固正。蓮肉甘溫兼濇者以補脾。更加黃連以泄濕熱。臨症辨用。不可悞也。

黃連人參湯

人參錢五 黃連三錢

右㕮咀水一盞煎七分服 一方加銀花一兩 石菖蒲酒洗一錢

胃虛噤口痢

胃虛噤口者何也。胃為水穀之海。脾為運化之樞。二經屬土。土為濕熱所傷。則土虛矣。故亦噤口。仁齋治以加味參苓白朮散。人參白朮。甘溫補脾。木香藿香。辛溫開胃。茯苓淡以滲濕。葛草甘以清熱。加石菖蒲之芳香者。以宣氣滯。蓮肉之甘濇者。以通心腎。粳米之甘淡者。以奠中央。胸次一開。自然思食。如濕熱未盡者。另服保和丸一二錢。若胃虛嘔逆。理中湯加陳皮。宿食不消者。理中湯加砂仁木香陳皮白豆蔻。

參苓白朮散 錢仲陽方

人參 白朮 茯苓 甘草 石蓮肉
木香 藿香 葛根 粳米 石菖蒲

右㕮咀水煎服研末每服一錢米飲下亦可

參茯白术散

人參五錢 白术五錢 茯苓五錢 扁豆五錢 山藥五錢 陳皮五錢

甘草五錢 桔梗一兩 薏仁一兩 蓮肉一兩 砂仁五錢

右為末每服二錢米飲下

氣虛脫肛

痢疾有氣虛脫肛者。此濕熱傷氣。肺金不固。大腸氣陷不升。以肺與大腸為表裡也。法在升陽。東垣治以加味補中益氣湯。參芪補氣固肺。白术補土生金。陳皮調氣。甘草和中。柴胡升麻舉清陽之下陷。倍當歸白芍養陰血之肝虛。氣升血生。痢止而肛不脫矣。又不可妄用澁法也。

補中益氣湯見前

努力脫肛

痢疾有努力脫肛者。此濕熱凝滯。氣逆於中。大腸穢物不行。用力太過。氣滯而垢不去也。法宜蕩滌。潔古治以加味芍藥湯。歸芍養血。芩連清熱。木香行氣。桂心散結。甘草緩中。加酒製大黃以徹大腸之垢膩。濕積去則大便調。肛門収則下痢止。不已。更加芒硝以通之。木香導滯丸以和之。又非虛症之可例也。

芍藥湯

白芍二錢 當歸一錢 黃芩一錢 黃連一錢

製大黃一錢 甘草五分 木香五分 桂心五分

右㕮咀水一盞煎八分服 臟毒下血加黃柏

木香導滯丸

木香二錢 神曲炒二錢 黃連三錢 黃芩二錢 黃柏二錢

山查五錢 麦芽炒三錢 陳皮二錢 甘草一錢

右末之酒糊丸每服二錢開水下

痢後脚軟

痢後脚軟。筋力漸細。此湿熱留於經絡也。皆由氣血兩虛。筋肉受傷所致。蓋脾主肉。肝主筋。肝脾為湿熱虧損。故脚軟也。立齋治以加味四物湯。芎歸養血榮筋。芍地滋肝補腎。加陳皮甘草和中益土。煎湯送二妙丸者。以黄柏滋水堅骨。蒼术燥湿理脾。龟板益陰補腎也。

加味四物湯

生地　川芎　當歸　白芍　陳皮　甘草

右㕮咀水一盞煎七分送二妙丸一二錢

加味二妙丸

蒼术米湯浸炒三兩　黄柏五兩酒炒　龟板酥炙一大個一方加白芍丏

右末之粥糊為丸每服一二錢

痢後膝腫

痢後膝腫者何也。蓋痢疾最傷氣血。痢愈後。不謹風寒。不戒房事。不慎步履。外邪乘虛入裡。以致兩足痛如刀割。膝腫難行。俗名鶴膝風。海藏治以二防飲。參芪白术補氣。芎歸白芍養血。熟地杜仲滋腎。羌活防風去風。防已萆薢利湿。牛膝通脉。甘草和中。加附子之辛熱者。温經活絡。空心更服陳氏補腎地黄丸。

二防飲

人参一錢　黄芪一錢　白术一錢　當歸一錢　川芎一錢
白芍一錢　熟地一錢　杜仲一錢　牛膝七分　附子炮七分
羌活七分　防風七分　萆薢一錢　甘草五分　防已七分

右㕮咀水一盞煎七分服

陳氏補腎地黄丸

熟地一兩　山藥一兩　山萸一兩　牛膝八錢
茯苓四錢　澤瀉四錢　丹皮四錢　鹿茸八錢

右末之蜜丸每服三錢空心開水下

五色痢

下痢五色者何也。濕熱傷於氣分則痢白。傷於血分則痢紅。氣血兩傷紅白兼痢。至於青黃赤白黑五色雜下者。此五藏之濕熱變化所致也。宜調氣養血為主。如芍藥梅連保和等湯丸。皆可見症酌用。太無師治以一物瓜蔞散。瓜蔞甘補肺。寒潤下。能清上焦之火。降氣行痰。又能蕩滌胸中鬱熱垢膩。止渴生津。清咽利腸。並治酒黃熱痢其義如此。

瓜蔞散

大瓜蔞一枚黃色者炭火煨存性盞地上一宿出火毒

右一物研細末作一服溫酒調下

蟯虫痢

下痢有蟯虫者何也。緣痢疾雖止。而濕熱未清。胃弱腸虛。餘邪變化生虫。其形極細。九虫之一也。或痛或痒。或溢出肛門。仁齋治以槐花丸。槐花苦寒。清大腸肝經之熱。以肝屬木。木生風。風生虫也。黃連苦寒。開鬱去濕。厚腸胃而治痢癖。蕪荑辛溫。散滿殺虫。燥濕熱而消積食。如不已。外用雄黃銳散。

槐花丸

槐花　黃連　蕪荑炒各二兩　一方加桃仁蚺蛇胆五錢

右為末蜜丸每服二錢杏仁湯下

雄黃銳散

雄黃　桃仁　苦參　黃連　青箱子

右為末艾汁為丸小指尖大綿裹納穀道中

時疫痢

有時行疫氣而病痢者。此受天地乖戾之氣也。或傳染一家。或一方皆病。其症惡寒發熱。腮腫喉痺。腹痛下痢。亦濕邪也。易老治以倉廩湯。羌活入太陽。獨活

入少陰。並除風湿。柴胡散熱升清。川芎調氣活血。前胡枳殼。降氣行痰。桔梗茯苓。瀉熱滲湿。甘草和裡走表。陳皮利氣去滯。加陳倉米固胃和中。風勝者去甘草加當歸白芍防風。熱勝者。加黄連黄芩黄柏。寒勝者。加桂枝。湿勝者。加蒼朮白朮。臨症變通為要。

倉廩湯

羗活　獨活　川芎　柴胡　甘草
前胡　枳殼　桔梗　茯苓　陳皮

右㕮咀陳倉米一勺水煎服

臟寒痢

痢久總屬湿熱。然亦有臟寒者。盖人有陽臟。有陰臟。陽臟喜熱。陰臟喜冷。此稟賦也。若身受寒凉。口食生冷。初鬱成熱。久則腸胃虛寒。下痢清白。致成寒痢日久不止。則委頓矣。易老治以大断下丸。良姜乾姜。辛热逐寒。附子肉菓。温脾補火。龍骨訶子。固氣濇腸。細辛通腎潤燥。石脂收湿止痢。更加石榴皮枯礬以固脱。醋丸米下共成断下之功。

大断下丸

良姜　牡蠣　附子　乾姜　細辛　龍骨
枯礬　肉菓　訶子　赤石脂　石榴皮

右為末醋糊丸每服三錢米湯下

陰虛痢

經云裡急後重。数至圊而不能便。莖中痛者。即陰虛痢也。其症紅白相雜。小便澁痛。或欲小便而大便先脫。或欲大便而小便自遺。二便牽引作痛。此腎虛之危症。皆由醫者妄治。陰已耗而復竭之。故愈痛則愈便。愈便則愈痛矣。易老治治以八味地黄丸。八味滋水補火。加補骨脂肉菓阿膠。以養陰止痢。兼理中湯。加升麻桂附。相継間服。庶可挽回。

加味八味地黃丸

熟地　山萸　山藥　茯苓　澤瀉　丹皮

附子　肉桂　肉菓　阿膠　補骨脂

右㕮咀作大劑水三碗煎汁不時服

加味理中湯

人參　白朮　炮薑　甘草

肉桂　附子炮　升麻

右㕮咀水一碗煎七分服

瘧後痢

瘧屬半表半裡。痢則全在裡矣。夫既為瘧後。發洩已盡。必無暑熱之毒。而復病痢疾者。必元氣下陷。脾氣不升。似痢非痢也。東垣治以補中益氣湯。人參黃芪甘温補氣。白朮當歸。辛苦益血。升麻柴胡。辛陽升清。陳皮甘草。甘温調滯。見症再行加減。揔以温補為主。若果有濕熱積於腸胃。亦不可驟用寒凉。活法也。

補中益氣湯

人參　黃芪　白朮　當歸

廣皮　甘草　柴胡　升麻

右㕮咀姜三片棗二枚水煎服

積痢

有一種積痢。腹痛泄痢。痢後痛减。百藥罔效。此冷積痢也。醫者徒以大黃檳榔下之。正氣漸虛。冷積更結。仲景所謂積不去則痢不止是也。深師治以感應丸其方用苦杏仁開氣。南木香行滯。肉豆蔻温脾。丁香乾薑除腸胃之沉寒。百草霜合巴豆逐冷積之固結。人畏巴豆作泄。豈知冷積非巴豆不解。積去痢止。神方也。

感應丸

巴豆二十粒去油 丁香各五錢 乾薑炮各 杏仁一百四十粒去皮尖

肉菓一兩 草霜二兩 南木香各五錢

右將木香丁香肉菓乾薑為末。外入百草霜。與巴豆杏仁共研七味和勻。用好黃蠟六兩溶化成汁。以重絹濾去渣。更以好酒一升於砂鍋內煮蠟數沸傾出酒。令蠟自浮於上。取蠟稱用。凡用清油一兩。銚內熬令香熟。次下蠟四兩同化成汁。就銚內。乘熱拌和前藥末。揑作錠子。丸豆大。每服三十丸。薑湯空心下。

鳳尾煎 統治痢疾神效

鳳尾草 竹林中與井邊生者佳產別地者亦可用連根一天把洗去泥一名雞脚草

老倉米 一勺

老生薑 帶皮三片白痢加至五片

葱白 連須三根白痢加至五根

右用水三大碗。煎至一碗去渣。入高燒酒小半盞。真白蜜三茶匙。調和酒蜜與藥味。不宜偏勝極和乃可。乘熱服一小盞。移時再服。以一日服盡為度。忌酸味生冷煎炒米麵點心難化等物。此藥不分紅白久痢初起及泄瀉男婦老幼通治之。只消一服。其效如神。危症二服有起死回生之功。屢試屢驗。明時福建察院徐傳

大便閉塞

病有大便閉塞。或裡急後重。數至圊而不便。或便白膿夹血者。此濕症也。按急重不便。濕滯而氣不行也。白膿夹血。濕鬱而變為熱也。慎勿利之。利之則鬱結不通。病必反重。東垣治以升陽除濕湯。蒼朮升清氣而開諸鬱。苓朮滲濕熱而益脾元。防風勝濕升陽。白芍斂陰和土。劉宗厚云。飲食入胃。輸精心肺。氣必上行而後下降。若脾胃氣虛。不能上升。反下流而成泄痢者。當填補中氣。升之舉之。切不可疎下。蓋升之即所以利之。此東垣發前人所未發也。

升陽除濕湯

蒼术米泔水炒四錢 防風二錢 白术炒一錢 白芍一錢

水煎服如胃寒泄瀉腸鳴加益智仁半夏各一錢薑棗煎此方見於玉

機微義十書不載

死症

下痢純血死　痢如屋漏水死　大孔如竹筒死　唇如塗珠砂死

發熱不休死　色如魚腦死　色如猪肝死

脉候

沉小微弱吉　洪大滑数凶　沉弦者重

大者為未止　微弱為欲愈雖發熱不死

脉細皮寒氣少泄痢前後飲食不下是謂五虛皆死症也大劑人參附子或

可救一二

泄瀉論

內經云。春傷於風。夏生飧瀉。又云。濕勝則濡瀉。又云。暴注下迫。皆屬於熱。又云。諸病水液澄清。均屬於寒。是風寒濕熱。皆令人泄瀉也。又傷寒論云。陽明病。若中寒。不能食。小便不利。此欲作痼瘕。必大便初鞕後溏。所以然者。以胃冷。水穀不別也。又云太陽陽明合病。必自利。脉滑數。以有宿食也。是飲食傷脾。亦令泄也。考四十難云。中風中濕。傷寒傷暑傷食。謂之五邪。五十七難云泄凡有五。其名不同。胃瀉者。飲食不化。脾瀉者。腹脹注泄。食即嘔逆。大腸瀉者。食巳窘迫。大便色白。腸鳴切痛。小腸瀉者。溲便膿血。少腹痛。大瘕瀉者。裡急後重。數至圊而不便。莖中痛。此五瀉之症也。按胃小腸大瘕三瀉。屬熱。宜大承氣下之。惟大瘕瀉。加甘草稍。以莖中痛也。脾大腸二瀉。屬寒。宜理中溫之。惟脾瀉加陳皮青皮。以腹脹滿也。其因每起於脾濕。而其中有寒。有火。有痰。有食積。有氣虛。有脾瀉。有腎瀉之不一。凡水瀉腹不痛者濕也。痛瀉如熱湯者火也。痛瀉肢冷者寒也。

或瀉或止者痰也。瀉後痛減者食積也。完穀不化者氣虛也。常常瀉者脾也。五更瀉者腎也。須知泄者。水穀之物泄出也。瀉者。腸胃之氣下陷也。水穀盡而腸胃敗即死。可不慎歟。

傷風泄瀉

傷風泄瀉者。自汗惡風。頭腰背痛。其脉弦。按惡風者。衛虛也。自汗者。營虛也。脉弦者。風象也。頭腰背痛者。風入太陽經也。泄瀉者。即內經所謂春傷於風。夏生飧泄是也。太無治以神朮散。羌藁辛溫去風。利節。細辛溫散驅風開竅。川芎辛溫搜風和血。瀉因脾濕。用蒼朮辛烈者。燥胃強脾。瀉本胃虛。用甘草甘平者。調中補土。風散而瀉自止矣。如膿血交雜者。胃風湯主之。虛寒者。麴芎丸主之。活法也。

神朮散

羌活四分 藁本七分 川芎七分 細辛二分 蒼朮一錢 甘草炙三分

蒼朮四兩　藁本　[illegible]

神朮散

[illegible]法也。

中補土。風散後，瀉自止矣。[illegible]

[illegible]

水煎服無汗加葱白三枚

胃風湯

人参　茯苓　川芎　當歸　白术炒

白芍炒　肉桂各等分粟米一撮甘草五分

水煎服腹痛加木香減半

麯芎丸治湿冷滑泄

白术　附子　神曲　川芎各等分

研末麵糊丸每服二錢米飲下

感寒泄瀉

感寒泄瀉者。腹痛身凉。喜熱熨按。利穢便清。完穀不化。脉沉遲或緊。此寒入太陰脾也。按腹痛身凉喜熱者。寒邪在裡也。利穢溺清完穀者。寒湿在胃也。脉沉遲緊者。寒氣内伏也。仲景治以理中湯。人参甘温固正益脾為君。白术苦温健脾燥湿為臣。甘草甘平。和中補土為佐。乾薑辛熱。温胃逐寒為使。此理中焦寒瀉之要方也。如暴下無聲。身冷自汗。小便自利。大便不禁。氣急休息。脉微嘔吐者。漿水散主之。如利不止者。即以理中湯。煎送桃花丸。活法也。

理中湯

人参一錢白术炒二錢乾薑炒一錢甘草炙一錢

水煎服腹不痛利多口渴者倍白术踡卧沉重利不止者加製附子腹滿去甘草嘔吐去白术加半夏生姜臍下動氣去白术加肉桂心悸加

漿水散

茯苓

半夏一兩附子炮五錢乾薑三錢良薑三錢肉桂五錢甘草炙五錢

研末每服三錢漿水煎服

桃花丸

赤石脂煅一兩　乾薑炒五錢

研末用粳米粉糊丸桐子大每服三四十丸米飲下理中湯送下亦妙

傷暑泄瀉

傷暑泄瀉者。暴注下迫。米穀不化。小便赤澀。煩渴飲水。脉洪数。此即受熱之候也。按暴注下迫属火。米穀不化者。内熱而脾不運也。便赤煩渴者。内熱而氣不降也。脉洪数者。火熱之象也。潔古治以四苓散。茯苓甘草走氣分。猪苓淡入血分。二藥上清肺而下通膀胱。澤瀉醎潤膀胱。白术甘培脾胃。二藥上補土而下行水道。使熱邪從小便去。而大便自調矣。如不已。即以四苓散。煎送黃連阿膠丸。他如薷苓湯。胃苓湯。均可酌用。活法也。

四苓散

茯苓　猪苓　澤瀉　白术

研末每服三錢水煎服感暑傷冷泄瀉作渴者去苓瀉加黃連乾姜甘艸

黃連阿膠丸

黃連三兩　阿膠炒二兩　茯苓二兩

研末阿膠熬化為丸每服二錢米飲下

薷苓湯

香茹　黃連　扁豆　厚朴姜炒

猪苓　茯苓　白术　澤瀉

薑一片水煎服

胃苓湯

蒼术　厚朴　廣皮　茯苓　甘草

猪苓　澤瀉　白术　官桂少許

水煎服

戊己丸

黄連酒炒四兩　白芍三兩　吳茱萸盐水洗二兩

研末神曲打糊為丸每服二錢米飲下並暑湿熱泄瀉此方列傷湿條後亦可

傷湿泄瀉

傷湿泄瀉者。水邪下注。體重肢困。不欲飲食。脉沉細。按湿為水氣注下者。泄瀉腸虚也。體重者。湿邪在肌也。肢困者。湿邪在脾也。不食者。湿邪在胃也。脉沉細者。濕鬱之象也。東垣治以升陽除濕湯。羗活防風去湿利節。柴胡升麻。升清降濁。猪苓澤瀉。開竅利水。麦芽神麯和氣調滯。蒼朮陳皮。燥湿強脾。加甘草者。和諸藥以緩中也。此自下而上。引而去之之法也。如寒氣腸鳴者。加半夏益智仁有熱者。本湯送戊已丸。亦妙。活法也。

升陽除湿湯

羗活　防風　柴胡　升麻　猪苓　甘草

澤瀉　麦芽　神曲　蒼朮　廣皮

水煎服

食積泄瀉

食積泄瀉者。食即作嘔。腹痛後重。瀉後痛減。按食即作嘔者。脾胃之氣不運也。腹痛後重者。大腸之氣不行也。瀉後痛減者。積滞之氣稍通也。其所以泄瀉者。總由精氣不升。濁氣不降。糟腐下流。而腸胃不宣暢也。丹溪治以香砂平胃丸蒼朮辛烈開鬱。厚朴苦温散滿。砂仁辛香通結。神曲辛甘消穀。香附辛平以利三焦。陳皮辛苦以宣五臟。甘草甘甜以和中土。研末用荷葉煮米為丸者。以味苦色青。形仰中空。取象震卦。助胃升陽。亦且協粳米以行脉也。如不已。用丁香脾積丸下之。積去而瀉止矣。

香砂平胃丸

香附　砂仁　蒼朮　厚朴　陳皮　神曲　甘艸

研末荷葉包粳米一撮去荷葉取米汁和丸每服三錢空心開水下

丁香脾積丸

丁香三錢 木香三錢 牙皂二錢 良薑醋炒二錢
青皮醋炒二錢 百草霜一錢 巴豆霜一錢 莪朮煨二錢

研末醋煮麵糊為丸麻子大每服三四丸開水下

傷冷泄瀉

傷冷泄瀉者。一夜十餘次。變為痢疾。或赤或白。或赤白相雜。腹痛肢困。按泄瀉多屬脾寒。傷冷更戕中氣。一夜十餘次者。陰氣下陷也。變作痢疾者。脾邪傳腎也。赤白相雜者。冷濕化熱也。腹痛肢困者。氣滯正氣虛也。東垣治以茯苓湯。柴胡升麻升清。澤瀉豬苓降濁。當歸白芍和陰。甘草茯苓益氣。黃芩去熱。肉桂逐寒。蒼朮燥濕。寒冷去而腸胃和。瀉痢自止矣。

茯苓湯

柴胡 升麻 澤瀉 豬苓 當歸 蒼朮
白朮 白芍 甘草 茯苓 黃芩 肉桂

水煎服一方有炙甘草

虛冷泄瀉

虛冷泄瀉者。腹中微痛。或瀉或溏。此非腎瀉。乃膀胱虛寒之故也。蓋腎與膀胱為表裡。腎虛而膀胱亦虛。闌門分利不盡。留於大腸。遂泄瀉也。腹中微痛者。陰氣不和也。或瀉或溏者。真陽不足也。法宜補腎火以生脾土。溫腎氣以煖膀胱海藏治以安腎丸。山藥白朮補脾。巴戟蓯蓉固腎。茴香能煖膀胱。故紙更通相火。蒺藜石斛益精。萆薢茯苓利水。加肉桂化膀胱之氣。且補虛寒。良方也。

安腎丸

白朮炒三兩 懷山藥三兩 巴戟天三兩 肉蓯蓉酒洗三兩 茴香炒三兩 肉桂一兩
茯苓三兩 破故紙核桃炒三兩 沙蒺藜炒三兩 石斛酒洗三兩 萆薢酒炒三兩

研末蜜丸每服三錢空心鹽湯下

脾腎泄瀉

脾腎泄瀉者。每日五更溏泄。按腎者胃之關。前陰利水。後陰利穀。腎屬水。水旺於子。腎之陽虛不能鍵閉。故交陽分則泄也。脾泄者。脾之清陽下陷。不能運化闌門元氣不足。不能分別水穀也。皆由命門火衰不能生土。土虛而水無制也。仁齋治以四神丸。故紙補相火以煖丹田。肉菓固大腸以溫脾胃。五味子益腎濇精。吳茱萸燥脾除濕。薑棗培土防水。令脾腎之氣交通。水穀自然剋化矣。五味子散亦主之。

四神丸

破故紙 酒浸一宿炒四兩 五味子 炒三兩 肉菓 麪包煨二兩 吳茱萸 鹽水泡一兩

研末用大棗百枚生薑八兩同煮棗爛去薑取棗肉搗末為丸每服二錢臨卧時鹽湯下

五味子散

五味子 一兩 吳茱萸 一兩

二藥同炒香研末每服二錢臨卧時米湯下故紙四兩肉菓二兩名二神丸

渴飲泄瀉

渴者。口渴也。飲者。飲湯也。泄瀉而渴飲者。此脾胃津液不足也。按脾虛不能運化水穀之精氣。胃虛不能消鎔水穀之渣滓。以致腸胃之氣下陷。而瀉亡津液。故愈瀉愈渴。愈渴愈瀉也。仲陽治以白朮散倍加葛根。人參甘溫補肺。白朮甘苦益脾。木香辛苦而煖三焦。藿香甘溫而宣中土。茯苓甘淡利水。甘草甜美調元。倍加葛根之辛甘性平者。以清氣在下則生飧瀉。用以升陽明之清氣。即以治渴瀉之不止也。妙哉。

白朮散

人參一錢 白朮一錢 茯苓一錢 甘草一錢
木香一錢 藿香一錢 葛根二錢
水煎一碗代湯水服之

腸鳴泄瀉

腸鳴腹痛泄瀉者。裡虛有寒也。按飲食入胃。上輸於脾。脾氣散精於肺。肺與大腸為表裡。肺氣固。而大腸之氣亦固。若脾土一虛。肺金不足以制肝木。而肝木上乘土位。以致中脘氣虛。虛則寒。寒則運化不健。遂腸鳴痛瀉矣。法宜溫中為主。仲景治以小建中湯。飴糖稼穡作甘。白芍曲直作酸。酸者甲也。甘者己也。甲己化土。所以補土生金。即所以土中瀉木也。加官桂辛甘者。通脈祛寒。姜棗辛甘辛者。調營和衛。中氣足而寒氣除。腸鳴止而痛瀉自痊矣。妙法也。如清氣在下。腸鳴溏瀉者。黃芪補胃湯主之。

小建中湯

飴糖 白芍 官桂 生姜 大棗
水煎服加黃芪名黃芪建中湯

黃芪補胃湯

黃芪炒二錢 當歸一錢 益智仁一錢 甘草炙一錢 柴胡一錢 升麻六分
水煎服一方有紅花五分

胃虛泄瀉

胃虛泄瀉者。其症久泄不止。肌肉消瘦。口食無味。按胃為倉廩之官。脾為轉輸之職。肌肉瘦者。脾衰也。食無味者。胃弱也。此中土下陷之候也。法宜升陽為主。東垣治以加味補中益氣湯。參芪補肺。朮草益脾。當歸養陰。陳皮和滯。柴胡引清氣上行。升麻引陽氣上升。泄必因濕。加防風以燥之。瀉必有水。加茯苓以利之。胃陽和則脾陰建。泄瀉自平矣。如不已。實脾丸主之。七味丸亦主之。

加味補中益氣湯

白朮炒二錢 人參一錢 黃芪〻五 廣皮七分 甘草炙五分
柴胡五分 升麻五分 當歸炒〻 防風八分 茯苓一錢
生姜一片 大枣二枚 水煎服

實脾丸

茯苓两 訶子煨两 砂仁五錢 肉菓煨五錢 木香二錢 橘紅三錢
人參五錢 甘草炙三〻 蒼朮五錢 白朮炒二两 厚朴姜炒三〻
研末水煮姜枣至乾取枣肉搗藥末為丸每服二錢米飲下

七味丸

訶子煨〻 肉菓煨五〻 龍骨煅〻 砂仁三錢
白礬一錢 木香三錢 赤石脂醋煅一錢
研末麵糊丸桐子大每服五十丸米飲下

腸滑泄瀉

腸滑泄瀉。日夜無度。此虛寒也。按脾胃者。倉廩之官。五味出焉。大腸者。傳道之官。變化出焉。若土冷金寒。則五味不能變化。遂滑瀉無度矣。壽世治以八柱散。人參甘溫補肺。白朮甘苦補脾。乾薑辛熱温中脘之陰。附子辛熱煖下焦之陽。肉菓辛溫。調脾逐冷。訶子酸苦。開胃収脫。粟殼酸以濇腸。甘草甘以益氣。是方也。辛以溫之。甘以緩之。濇以固之。研末用烏梅煎湯和下者。取酸以収之之義也。愈後以補脾丸調之。

八柱散

人參 白朮炒 肉菓 乾姜 訶子煨
附子炮 甘草炙 粟殼去蒂膜蜜炙
研末每服二錢烏梅湯和下

補脾丸

人參一两 白朮一两 蓮肉一两 白芍炒五錢 甘草炙五錢 小茴三錢

木香三錢山藥七錢陳皮五錢乾薑三錢肉菓煨三錢吴茱萸二錢

研末麵糊丸每服三錢空心薑湯下

腸響泄瀉

腸響泄瀉者。食下即響。響即下瀉。此淤滯也。按飲食下咽。胃氣乃行。今食下即響。是胃氣欲行不行。故作響也。響即泄瀉者。是淤滯逆於闌門。新穀入胃。而陳穀之纖腐下流也。太無治以柿核散。柿核去積蕩淤。清熱除垢。包以湿紙。燒以灰火。温以其性以通血中之氣。氣中之血。研末飲下。令腸胃利。而響瀉自已矣。以有人三世病反胃。用乾柿嚼飯食之。絶飲湯水遂愈。又柿乾燒灰飲服二錢。治腸風下血。不皆取其潤燥去熱乎。

柿核散

紅柿核　紙包水湿灰火燒熟食之不三四箇即止研末飲下亦可

火痛泄瀉

腹痛瀉水腸鳴。痛一陣瀉一陣者。此火瀉也。經云。暴注下迫。皆屬於熱。腹痛者。氣逆不宣也。腸鳴者。腸滯有熱也。瀉水者。傳化失常也。痛一陣瀉一陣者。火性疾速也。此太陽少陽合病下利。半表半裡之候也。仲景治以黄芩芍藥湯。黄芩苦以清火。白芍酸以斂氣。甘草甘以緩痛。大棗甘以補虚。如嘔者。加半夏生姜。若乾嘔泄瀉者。外臺黄芩湯主之活法也。

黄芩芍藥湯

黄芩錢五白芍一錢甘草一錢大棗二枚　水煎服

外臺黄芩湯

人參錢五黄芩錢五乾薑錢五半夏錢二桂枝五分大棗三枚

水煎服

脇痛泄瀉

泄瀉兩脇痛者。此肝泄也。按肝主疎洩。肝家有病。則大小便难。今泄瀉脇痛。是

脾虛而肝又乘之。木來剋土之故也。法宜補脾利肝為主。丹台治以白芍朮甘湯。白朮茯苓。甘溫味淡。培太陰之本。甘草白芍。甘平酸苦。和厥陰之氣。蒼朮辛烈。燥胃強脾。青皮苦辛。疎肝降逆。厚朴溫苦。散滿調中。令土安木暢。泄瀉平。腸痛止矣。見其症再行加減乎。

白芍朮甘草湯

白芍酒炒 茯苓 白朮炒 甘艸炙

蒼朮炒 厚朴姜炒 青皮炒 水煎服

白沫泄瀉

瀉時有閉而不下。及所下多白沫。唧唧有聲者。此風瀉也。按閉而不下者。氣逆也。下多白沫者。湿邪也。唧唧有聲者。風象也。法宜驅風為主。丹台治以防風湯。防風鼓胃氣而搜風。蒼朮強脾氣而燥湿。白朮奠中央之土。陳皮宣五臟之陽。茯苓調衛和營。厚朴寬腸散滿。甘草補中益氣。風散沫止。泄瀉自平。見症再行加減則善矣。

防風湯

防風二錢 蒼朮炒錢二 白朮炒錢五 茯苓錢五

甘草炙一錢 陳皮一錢 厚朴姜炒一錢

水煎服

風溼泄瀉

風溼泄瀉者。惡風無汗。腹中雷鳴。小便濇滯。肌肉消瘦。此即飱泄也。按腹中雷鳴者。風入大腸。而氣相攻擊也。小便濇滯者。風入膀胱。而氣不輸化也。惡風無汗者。風傷於衛。而元府閉塞也。肌肉消瘦者。水穀不分。而飲食不強也。準繩治以桂枝麻黃湯。桂枝辛甘。調營和衛。麻黃辛苦。發汗解肌。白芍酸寒。斂陰。甘草甘平。益氣。姜棗甘熱。行津。令風從汗解。表裡俱和。而泄瀉止矣。繼以胃風湯調之。

桂枝麻黃湯

桂枝　白芍炒　甘草　麻黃　生姜　大棗

水煎服

胃風湯

人參　茯苓　白术炒　白芍炒　甘草炙

當歸　川芎　桂枝　粳米　水煎服

急重泄瀉

急重泄瀉者。其症裡急後重。數至圊而不便。或有白膿。或有紅血。按急重不便者。氣滯也。或膿或血者。濕熱也。此清陽下陷而不升也。慎勿利也。利則反閉結不通矣。東垣治以升陽除濕防風湯。蒼术開鬱燥濕。白术補氣益脾。白芍斂陰和血。茯苓清熱調中。防風鼓胃升陽。蓋飲食入胃。輸精心肺。氣必上行。然後下降。若脾胃有傷。不能上升。反下流肝腎。而成泄瀉。法宜補中。升之舉之。不可踈下。此東垣發前人所未發良方也。

升陽除濕防風湯

蒼术炒二錢　茯苓一錢　白术炒一錢　白芍炒一錢　防風二錢

水煎服胃寒腸鳴泄瀉加益智仁半夏各一錢姜一片棗二枚

痰滯泄瀉

痰滯泄瀉者。或多或少。或瀉或止。脉沉滑。按脾屬土。土生濕。濕生痰。痰散而下行。則泄多。痰積而不行。則瀉少。脉沉滑者。痰在裡也。皆由脾胃不健。而水穀之精氣不輸也。醫源治以清瀉陳砂飲。陳皮白术。益胃強脾。蒼术砂仁。溫中燥濕。茯苓半夏。逐痰。澤瀉車前止瀉。山藥清金固氣。甘草培土調元。厚朴厚腸胃而結水。木通化津液而導膀胱。引以薑棗。收以烏梅。痰去而瀉止矣。

清瀉陳砂飲

陳皮一錢　白术炒一錢　蒼术一錢　砂仁錢五　茯苓錢五　半夏一錢

山藥一錢 車前一錢 木通一錢 澤瀉一錢 甘草五分 厚朴一錢姜炒

薑三片 烏梅一個 水煎服

三虛泄瀉

三虛者。脾虛腎虛肝虛也。三臟氣虛。則泄瀉經年不止。東垣云。飲食傷脾。則不能運化。色慾傷腎。則不能閉藏。忿怒傷肝。則木來尅土。法宜健脾為主。兼補腎肝。醫源治以三補健脾丸。人參茯朮山藥。養脾益胃。故紙兔絲牛膝。固腎充肝。川椒小茴補火生土。枸杞五味。滋水生木。遠志強志壯陽。蓮肉濇精固氣。加陳皮木香者。行諸藥以宣臟也。研末酒丸鹽湯下者。取行經以達下也。

三補健脾丸

人參二兩 白朮二兩 茯苓二兩 山藥二兩 蓮肉二兩 故紙二兩

枸杞二兩 兔絲二兩 牛膝一兩 小茴五錢 遠志五錢 陳皮五錢

木香四錢 川椒三錢 五味子刃 蒼朮八兩鹽水米泔醋三味各浸二兩葱白炒二兩

研末米湯為丸每服三錢空心淡鹽湯和酒送下

心經泄瀉 澄治百問五瀉治法

心為君主。從不受邪。而心經有泄瀉者何也。蓋心與小腸為表裡。心火甚。則移熱於小腸。小腸熱秘。則移熱於大腸而泄瀉矣。故勞心者。五志煩熱。小便澁數大便後重急迫。其泄如火。似痢非痢。心脾之脉。遂有虛數或滑之象。百問治以丹黃飲泄因正虛。人參黃芪補之。瀉因氣弱。茯苓白朮固之。加炙草和中。煨薑通脉。更加黃連以清心火。丹參以補心氣。益智仁燥脾胃而交心腎。開鬱結而利三焦。共成止瀉之良劑。香連丸亦主之。臨症其變通乎。

丹黃飲

丹參炒一錢 黃連吳萸炒二分 人參一錢五 白朮炒三錢 炙草三分

黃芪一錢五 茯苓一錢 益智仁炒一錢 煨薑五分

水煎服

薑三片　燈心一團　水煎服

三臟虛泄瀉

心經泄瀉（治五更泄瀉治法）

丹參（炒）一錢　黃連（吳萸汁炒）三分　人參一錢五分　白朮（炒）一錢　炙甘草三分

香連丸

黄連姜汁炒　木香　甘草　研末蜜丸每服一錢丹黄飲下

肝經泄瀉

肝瀉者。即難經所謂洞瀉是也。症因春令宜温而反寒。寒主收斂。木不能發榮條達。其生陽之氣。反下陷於脾土之中。故每至寅卯時。腹中作響。暴注下泄。泄亦無多。其脉遂有虚弱之象也。百問治以升陽益氣湯。防風川芎。疎肝鼓胃。升柴茯苓。降濁升清。参朮黄芪益氣。煨姜炙草温中。脾土固而肝木調。泄瀉自平矣。兼服四神丸更妙。當歸厚朴湯亦主之。臨症其酌用乎。

升陽益氣湯

人参錢五　黄芪錢五　白朮三錢　茯苓一錢　炙草三分

煨薑一錢　柴胡一錢　升麻五分　防風錢五　川芎五分

水煎服

當歸厚朴湯

當歸二兩　厚朴姜炒二兩　官桂三兩　良薑五兩

研末每服三錢水煎服治肝寒面青泄瀉神效

四神丸

破故紙酒浸四兩　五味子炒三兩　肉菓煨二兩　吴茱萸鹽水洗一兩

研末大棗百枚生薑八兩同煮爛去姜取棗肉搗為丸每服二錢臨時鹽湯下

脾經泄瀉

脾瀉者。即内經所謂飱瀉是也。症因脾胃健運不力。致濁氣在上而生䐜脹。清氣在下而生飱泄。故胸中痞滿。晝夜泄瀉。日久傳為脹滿。其脉遂有濡軟無力之象也。百問治以升陽勝湿湯。羌活防風。升清降濁。陳皮蒼朮燥湿強脾。肺為氣本。人参益氣。脾為肺母。白朮補脾。加茯苓以清化源。炙草以培厚土。煨姜以

通陽氣。令中央得位。而上下太和。泄瀉自痊矣。加減補中益氣湯亦主之。臨症其活法乎。

升陽勝濕湯

羌活一錢 防風錢五 陳皮五分 蒼术炒一錢 白术炒三錢
人参錢五 茯苓一錢 炙草五分 煨薑一錢

水煎服。拔粹去羌活白术人参煨姜加猪苓澤瀉柴胡升麻麦芽神麯

補中益氣湯加減

人参 白术炒 陳皮 柴胡 升麻 甘草炙
山藥 白芍酒炒 木香 茯苓 澤瀉 乾姜炒

水煎服。一方加蓮肉

肺經泄瀉

肺泄。即大腸瀉也。盖肺與大腸為表裡。肺虚則大腸之氣亦虚。時時後重。所謂滑瀉者是也。甚有隨濁氣下滲而泄者。其脉微弱。無力無神。此真氣不固也。百問治以参芪飲。参芪益氣固正。煨姜温中助陽。附子補火生土。术草補土生金。升麻升清。茯苓降濁。加肉菓濇大腸以治虚瀉。此治肺經泄瀉之法也。如脱滑者。固腸丸。補肺散。皆可酌用。

参芪飲

人参 黄芪 煨姜 白术 甘草
附子 肉菓 升麻 茯苓

水煎服

固腸丸

白樗皮醋炙四両 滑石水飛二両

研末粥丸。每服一錢。開水下。此丸性燥滞。氣未盡者勿服

補肺散

山藥炒　薏仁　芡實炒　蓮肉炒　麦芽炒　廣皮　茯苓

研末每服二錢空心開水下

腎經泄瀉

腎瀉者。子丑黎明泄瀉也。腎開竅於二陰。主閉藏精氣。交子時則陽氣上昇於泥丸。為一日發生之始。若腎氣虛寒。故於此時腸鳴腹痛而泄瀉矣。甚至瀉後復瀉。其脉濇弱無力。以命門之水火兩衰也。百問治以八味丸。地黄滋水。桂附補火。山藥固氣。山萸濇精。茯苓滲濕。丹皮和血。澤瀉利濁。此治腎瀉之一法。參桂湯。四神丸亦主之。臨症其善行裁治乎。

八味丸

熟地　附子　茯苓　肉桂

山藥　山萸　丹皮　澤瀉

研末蜜丸每服三錢空心淡鹽湯下

參桂湯

人參　肉桂　炙草　茯苓　白朮炒

黄芪　煨薑　五味子　補骨脂

水煎服

四神丸

肉菓煨二兩　破故紙酒浸四兩　吳茱萸鹽水洗兩　五味子炒三兩

研末薑八兩棗一百枚煮爛去薑取棗搗末為丸每服二錢臨臥時鹽湯下

傷酒泄瀉

酒雖米穀釀成。亦濕熱之所變化也。飲於胃腕。布於經絡。流於大腸。胃強者。自能運化。胃弱者。多受其傷。彼土虛不能制濕者。往往泄瀉矣。醫宗治以葛花醒酒湯。人參白朮。補氣益胃。砂仁乾薑。快氣行陽。葛花解酒。神曲化滯。加二苓澤

瀉以利之。橘红白蔻以宣之。酒湿去而泄瀉自平。枳椇膏亦主之。

葛花醒酒湯

人参錢五 白术二錢 乾姜一錢 砂仁三錢 神曲二錢 橘红一錢
葛花五錢 猪苓錢五 茯苓錢五 澤瀉二錢 白豆蔻三錢

研末每服三錢白湯下　枳椇膏熬每服一匙開水下

直腸泄瀉

直腸泄瀉者何也。盖人有三焦三門。三焦者。上焦中焦下焦也。三門者。賁門闌門幽門也。臟府虚寒。腸胃不固。故飲食下咽。不待三焦三門轉輸變化即泄瀉矣。此症雖行溫補。未克奏功。須行澁劑。庶運用不愆。揆度合節。経所謂滑者澁之是也。醫林治以大断下丸。附姜良薑溫臟。蠣骨脂礬固滑。訶子榴皮收脫。細辛行水利湿良法也。然而危矣。

大断下丸

附子炮刃 乾薑炒刃五錢 良薑刃五錢 肉菓一兩 牡蠣煅一兩 細辛刃
龍骨一兩 枯礬一兩 赤石脂一兩 訶子一兩 榴皮一兩

研末醋糊丸每服三錢米湯下

湿水泄瀉

水湿者。腹痛腸鳴。下利濁水。小便不利。按飲食入胃。上輸於脾。脾氣散精於肺。通調水道。下輸膀胱。若湿勝而脾不運。土不制水。留於胃府。注於大腸。闌門失分利之常。故腸鳴腹痛溺秘而泄瀉矣。易老治以胃苓湯。蒼术辛烈燥湿。厚朴辛苦溫中。陳皮辛以利氣。甘草甘以和脾。加二苓甘淡。入肺以清化源。澤瀉醎寒。入腎以通水道。白术甘溫。益脾土之陰。官桂辛甘。化膀胱之氣。陰陽分利。水瀉自平。此下者引而竭之之法也。

胃苓湯

蒼术 厚朴 陳皮 甘草 白术

茯苓　猪苓　澤瀉　官桂

水煎服

風冷泄瀉

風冷泄瀉者水穀不化。少腹作痛。按水穀不化者。脾寒也。少腹作痛者。腎虛也。此腸胃虛寒。內傷風冷。以致下注泄瀉也。和劑方治以桂香丸。肉菓辛溫調脾逐冷。丁香辛熱。煖胃去寒。乾姜辛熱通陽。木香辛苦和氣。桂附純陽補火。茯苓甘淡滲濕。研末為丸。米飲送下。溫脾腎。即所以除風冷也。若元臟氣虛。真陽耗散。臍腹冷痛泄瀉不止者。又當以四柱丸為主。臨症其審治乎。

桂香丸

肉桂　丁香　附子　木香

茯苓　乾薑　肉菓

研末生姜汁為丸每服五十丸米飲下

四柱丸

人參　茯苓　附子炮　木香煨等分

研末水丸每服五十丸姜鹽湯下加肉菓訶子名六柱丸

脉候

胃脉虛則瀉　滑虛者瀉　腎脉小為洞瀉

肺脉小者瀉　脉洪大者逆　下利脉實者死

腹滿肢逆死　腹滿脱形死　上吐下瀉不止者為上下俱脱死

胸痞論

痞者。痞塞不通。由陰伏陽畜。氣血不運。心脾病也。考上焦如霧。心肺清陽之氣會也。中焦如漚。脾胃水穀之變化也。下焦如瀆。肝腎便溺之流行也。痞在心下。屬上焦。若由痞致滿者。則屬中焦。下焦之腹脹矣。經云。太陰所至為積飲痞隔醫方皆以為氣滯。獨東垣以為血滯。謂脾無積血。心下不痞。総屬下多亡陰所致。此發前人所未發也。下者。下氣也。亡者。亡心脾之陰也。人不知用血藥和血專行道氣。愈下愈痞。遂變為中滿脹症矣。按傷寒之痞。因悞下得之。是表邪乘虛入於心下。宜苦泄之。仲景有黃連瀉心湯。雜病之痞。是所受之邪。蓄於心下。宜辛散之。東垣有乾薑消痞丸。然亦有中虛不能運化為痞者。有飲食積痰不能施化為痞者。有濕熱逆於脾土為痞者。古方治痞。用黃連黃芩之苦瀉。厚朴生薑半夏之辛散。人參白朮之甘補。茯苓澤瀉之淡滲。隨其症之虛實而調之。揔以清心健脾為主。此正法也。若妄行破氣。雖得暫寬。再作更甚。皆不鮮亡陰之理也。須知痞與滿有別。痞屬中膈不暢而外無形。滿屬中宮虛脹而外有形。又豈可混同一治哉。

實痞

痞在心下。其脉關上浮。大便秘者。乃實痞也。按兩關屬肝脾。脉浮者。浮洪有力也。大便秘者。上焦實而氣道不下行也。此脾有積滞。心脉不宣。致肝不踈泄也。仲景治以小承氣湯。枳實酸苦開痞。厚朴苦温下氣。大黃苦寒蕩滯。上焦通。則中焦利。三藥不犯下焦之真陰。而下焦自暢快矣。程郊倩曰。實痞是太陰陽明為病。本屬胃實。非悞下表邪乘虛入心可比也。醫貴識症。法宜變化。其理精矣。

小承氣湯

枳實麩炒二錢　厚朴姜炒二錢　大黃四錢　水煎服

虛痞

心下痞。其脉微。大便利者。乃虛痞也。按脉微為弱。便利為虛。此營氣不能分清

利濁。天氣不降。地氣不升。天地不交而成痞者是也。東垣治以加減補中益氣湯。參芪甘溫固肺。朮草甘苦益脾。黃連寒苦清心。陳皮辛甘宣滯。升柴辛以升清。苓瀉淡以降濁。生姜辛以開痞。白芍酸以和血。正氣足。則痞悶舒。清濁分。則大便自實矣。此治虛痞之一法。若妄行破氣。以至亡陰。未有不變為脹病者。

加減補中益氣湯

人參　黃芪　白朮　廣皮　升麻　柴胡

茯苓　澤瀉　白芍　甘草　生姜

水煎服

食痞

食痞者。因飲食填塞胸中。而脾土之氣血不運也。按飲食入胃。上輸於脾。若填塞胸中。則陽氣不宣而脾滯。滯則逆。逆則痞矣。此即傷食病也。易老治以連橘枳朮丸。白朮苦溫補脾。脾強則食自化。枳實酸苦行氣。氣順則痞自開。食鬱生熱。加黃連寒苦以清之。食積必壅。加橘紅辛散以利之。研末用荷葉煮粳米為丸者。以其形仰中空。感少陽之氣。合粳米助脾胃而升陽也。若右關脉弦。惡食。心下覺虛者。枳實消痞丸主之。

連橘枳朮丸

黃連酒炒兩　橘紅一兩　白朮炒二兩　枳實煨兩

研末荷葉包粳米煮爛去荷葉用米為丸每服二三錢白湯下

枳實消痞丸

白朮炒三錢　枳實煨五錢　人參三錢　茯苓三錢　半夏製三錢

甘草炙二錢　麥芽炒二錢　黃連三錢　乾姜二錢　厚朴姜炒四錢

研末米湯為丸每服二三錢白湯下

痰痞

痰痞者。脉滑胸悶嗽痰。蓋痰生於脾。脾屬土。土生濕。濕生痰。痰壅則痞。痞在心

下。故脉滑而胸悶也。痰不去。則痞不開。易老治以黃連利膈丸。黃連清心火以鮮鬱。黃芩瀉肺熱以除濕。南星半夏却痰。枳殼陳皮利氣。白朮補脾。澤瀉降濁。萊菔化滞。研末為丸。蕩胸中之熱。利膈上之痰。即所以開心下之痞也。豁痰丸亦主之。臨症酌用可也。如肥人濕痰痞者。去萊菔。加蒼朮茯苓。

黃連利膈丸

黃連 五錢 黃芩 八錢 南星 炮三錢 陳皮 三錢 枳殼 煨三錢
白朮 三錢 澤瀉 五錢 半夏 製五錢 萊菔子 五錢
研末水和丸每服二錢白湯下 一方有白礬皂角各一錢

豁痰丸

黃連 炒刃 黃芩 四兩 白朮 炒四兩 茯苓 刃五錢 甘草 五錢 陳皮 三錢
當歸 四兩 神曲 二兩 枳實 煨五錢 山查 炒二兩 半夏 製刃五錢
研末水疊丸每服二錢淡姜湯下

濕痞

濕熱為痞者。胸悶不食。兩目精黃。四肢無力。按脾屬太陰。位居心下。在五行屬土。土生濕。濕生熱。濕熱相生。則脾滞不運。故胸悶而不食也。精黃無力者。以脾主四肢。濕熱交困。而上蒸於目也。經所謂土來心下為痞者歟。拔粹治以黃連消痞丸。蒼朮白朮。燥濕開鬱。黃連黃芩。清熱瀉火。半夏砂仁和胃。陳皮厚朴下氣。二苓澤瀉利濁。乾姜片姜通陽。枳實散痞。甘草調中。濕熱解。則痞悶舒。氣血和而精力強矣。如瘦人濕熱痞者治同。

黃連消痞丸

黃連 炒刃五錢 黃芩 炒三兩 蒼朮 炒五錢 白朮 五錢 半夏 刃
砂仁 五錢 陳皮 三錢 厚朴 姜炒五錢 茯苓 五錢 猪苓 五錢
澤瀉 五錢 乾姜 三錢 姜黃 二錢 甘草 炙三錢 枳實 刃
研末水疊丸每服三錢白湯下

飲痞

痞有飲水過多。而胸膈逆悶。口渴便秘者。名爲水結胸。按飲食入胃。上輸於脾。脾氣散精於肺。通調水道。下輸膀胱。若水停心下。脾土不運。肺金不降。津液不行。故逆於胸膈。小便秘而口反渴也。仲景治以五苓散。肺燥不能施化。用苓瀉甘淡以泄肺。脾湿不能升精。用白朮溫苦以益脾。膀胱不能運氣。用肉桂辛熱以化陰。使水道通行。則飲痞胸悶自宣暢矣。若妄投破氣之藥。鮮有不變爲脹滿者。

五苓散

白朮炒　茯苓　猪苓　澤瀉　肉桂

水煎服

氣痞

氣痞者。氣虚成痞也。其症脉濡不痛。或作嘔。或身寒。或飲食不下。然亦有悞下致痞者。按脉濡不痛。胃弱也。作嘔不食。氣逆也。身体惡寒。表症也。須知表邪入裡。鬱於心陽。寒化爲熱。不能下行。逆於胸膈。故氣痞矣。藥宜寒热互用陰陽兩解。不攻痞而痞自散。仲景治以半夏瀉心湯。瀉心宜苦。用芩連之苦。以降陽而升陰。散痞宜辛。用姜夏之辛。以分陰而行陽。欲通上下交陰陽者必和其中。用人參甘棗之甘。以補脾和胃。則痞消熱解而愈矣。大法也。

半夏瀉心湯

半夏二錢　黄芩錢五　黄連一錢　人參錢五　甘草錢五　乾姜錢五　大棗三枚

水煎服凡吐下後復汗脉微心煩心痞脇痛氣上冲喉不時眩冒者此湯主之

血痞

血痞者。血滯成痞也。其症脉濇胸悶。飲食不下。或痛或不痛。然亦有受傷致痞者。按脉濇胸悶。血淤也。或痛不痛。走氣也。飲食不下。脾滞也。須知脾属陰而有

乾健之德。脾統血而司運化之權。脾血凝而成痞悶之症矣。藥宜去瘀生新。活血調氣。其痞自消。潔古治以丹木香花飲。丹皮通脉。蘇木去瘀。香附調氣。紅花活血。降香止痛。紅曲化滯。麦芽開胃。山查宣行氣血。通草升降氣血。加桔梗者。不但載藥上浮。亦且能寬胸利膈也。血和則痞自散矣。

丹木香花飲

丹皮　蘇木　香附　紅花　降香

紅曲　麦芽　山查　通草　桔梗

水酒童便各一盞煎服

寒痞

寒痞症。胸悶肢冷。或吐或瀉。按寒凝於內則胸悶。寒徹於外則肢冷。或吐或瀉者。陰陽不和之象。總屬心陽為陰邪所困。而脾元為寒氣所滯。故痞在心下。而見症不一也。仲景治以理中湯。人參甘溫。補氣益脾為君。白术甘苦。健脾燥胃為臣。甘草甘平。和中培土為佐。乾姜辛熱。温胃散寒為使。加丁香之辛溫者。以逐寒去壅。枳實之酸苦者。以開痞散結。良法也。

理中湯

人參一錢　白术二錢　甘草炙一錢　乾姜一錢　丁香一錢　枳實一錢

水煎服。下利倍白术。利不止加附子。嘔不止去白术加半夏姜汁。臍下動氣去白术加肉桂。心悸加茯苓

七氣痞

七氣痞症。痰涎結聚。胸悶喘急。或咳或嘔。或攻衝作痛。按七氣者。寒熱喜怒憂愁悲也。痰聚胸悶者。上焦氣鬱不宣化也。或嘔咳或衝痛者。陰陽不得升降也。三因治以七氣湯。半夏除痰開鬱。厚朴降氣散痞。蘇葉寬中定喘。茯苓交腎通心。逐痰行氣。散結解鬱。即所以消痞也。本方加白芍陳皮人參肉桂。亦名七氣湯。治陰陽反戾。吐利交作。寒熱眩運。痞滿噎塞。臨症其變通乎。

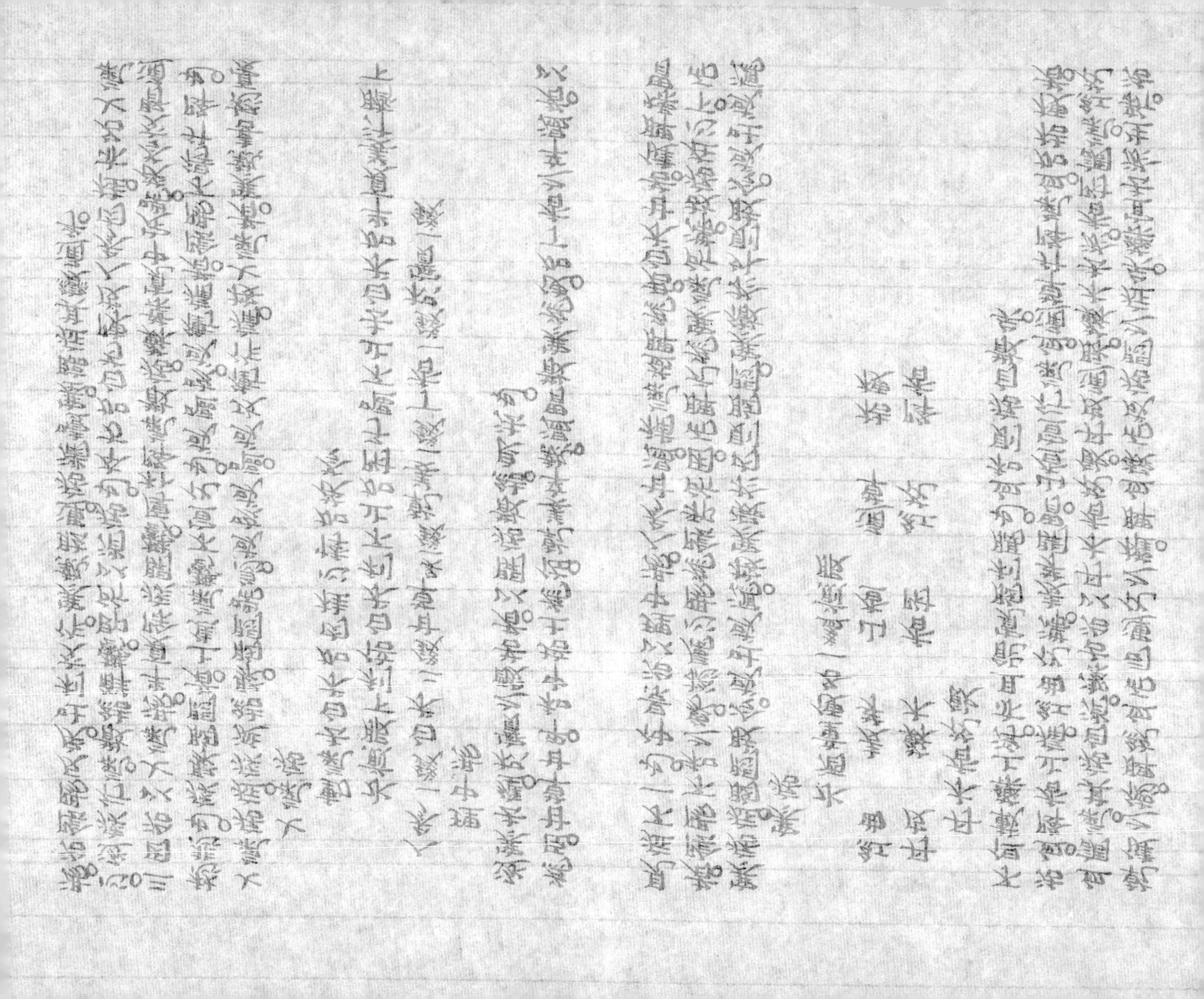

七氣湯

半夏姜炒五錢 厚朴姜炒三錢 茯苓四錢 蘇葉二錢

姜棗煎服

六鬱痞

六鬱痞症。胸膈痞悶。呑酸嘔吐。飲食不消。按六鬱者。氣血痰火濕食也。胸痞者。氣鬱也。嘔吐者。痰鬱也。呑酸者。火鬱也。食滯者。食鬱也。若夫濕鬱。則身体節痛。血鬱則四肢無力。六鬱之中。以氣為主。氣不升降。傳化失常。諸病生矣。丹溪治以越鞠丸。香附開氣。蒼朮燥濕。川芎調血。山梔解火。神曲消食。氣降則火降。火降則痰消。經曰。木鬱達之。火鬱發之。土鬱奪之。金鬱泄之。水鬱折之。升降浮沉則順之。寒熱温涼則逆之。此治鬱之大法也。

越鞠丸

香附醋炒 蒼朮米泔炒 山梔炒 神曲炒 川芎

等分研末水丸每服二錢開水下

過汗痞

過汗痞者。乾嘔食臭。腸鳴下利。按心下痞硬者。客氣上逆也。乾嘔食臭者。中氣不和也。腸鳴下利者。土不制水也。皆由邪入太陽。過汗胃虛。使太陽之餘邪。與陰寒之水氣。雜處於中。以致虛陽鬱而不舒。寒邪凝而不散。寒熱交爭。心主不寧。故痞悶而諸病生矣。仲景治以生姜瀉心湯。芩連苦寒。協乾姜辛温散痞。半夏辛燥。得生姜辛热止利。加人參固中宮之元氣。甘棗補腹内之空虛。不從標本。從乎中治。義精矣。

生姜瀉心湯

黄芩 黄連 乾薑 半夏

人參 甘草 大棗 生薑

水煎服

悞下痞

悞下痞者。心煩乾嘔。下利。按乾嘔下利者。未解表而悞下胃虛也。心煩不寧者。客邪逆而寒氣上犯也。蓋下利由於悞下。而心煩痞悶。盡屬正虛。仲景治以甘草瀉心湯。甘草瀉心經不靜之煩。即以補胃府之空虛。乾姜散中宮下藥之寒。即以止下利之完穀。加芩連以消胸中之痞。助半夏以除乾逆之嘔。協艸棗以緩上干之氣。中虛不用人參者。以未曾發汗。餘邪未散也。乾嘔不用生薑者。以下利清穀。不宜發表也。其理微矣。

甘草瀉心湯

甘草　乾姜　半夏　黃芩　黃連　大枣

水煎服

結胸痞

結胸痞者。按之知痛。不按則不痛。脉浮滑。此痞在心下。而未及於腹也。脉浮滑者。熱未深也。痞結心下者。是水與熱。凝滯成痰。留於膈上也。法宜清熱却痰為主。仲景治以小陷胸湯。黃連苦能除心下之痞。半夏辛能消膈裡之痰。寒熱並用。痰結自開。加瓜蔞之甘寒者。既以助黃連之苦。亦且滋半夏之燥。更以蕩胸中之鬱熱也。不洵為寬中散痞之良劑乎。彼妄行破氣者。當知領會矣。

小陷胸湯

黃連　半夏　蔞仁　水煎服

亡陰痞

亡陰痞者。因悞服破氣之藥。而亡脾土之陰血也。脾統血。脾虛由於血虛。血虛由於氣滯。氣滯則胸膈痞悶矣。醫者不調氣養血。而反行破氣。氣則脾血受傷。其痞益甚。密齋治以加減八物湯。人參朮草補氣。芎歸地補血。加升麻柴胡升清降濁。陳皮桔梗利膈寬胸。更加黃芪壯脾胃而生肌血。益元氣而溫三焦。以茯苓易茯神而安五臟。開心智而養精神。氣足血充。太陰健運。痞自消矣。

加減八物湯

人參一錢 白朮炒一錢 甘草五分 川芎五分 當歸一錢

熟地一錢 茯神一錢 黃芪一錢 廣皮一錢 桔梗五錢

柴胡五分 升麻五分 白芍酒炒一錢

薑一片 棗二枚 水煎服

脉候

胸痞脉滑為痰結　脉弦伏者痞　脉虛弱者逆

脉濇者氣血兩虛　脉堅實者順

[illegible] [illegible]

[illegible] [illegible] [illegible]

[illegible]

[illegible]

[illegible]

[illegible]

[illegible]

[illegible]